U0825924

逻辑与智慧人生系列主编　黄华新

做智慧老人

陈宗明　著

中国出版集团　東方出版中心

图书在版编目（CIP）数据

做智慧老人 / 陈宗明著. —上海：东方出版中心，2022.11
ISBN 978-7-5473-2076-1

Ⅰ. ①做… Ⅱ. ①陈… Ⅲ. ①老年人—生活—研究
Ⅳ. ①C913.6

中国版本图书馆 CIP 数据核字(2022)第 203793 号

做智慧老人

著　　者　陈宗明
策划编辑　潘灵剑
责任编辑　李梦溪
封面设计　钟　颖

出版发行　东方出版中心有限公司
地　　址　上海市仙霞路 345 号
邮政编码　200336
电　　话　021-62417400
印 刷 者　上海万卷印刷股份有限公司

开　　本　890mm×1240mm　1/32
印　　张　8.125
字　　数　135 千字
版　　次　2022 年 11 月第 1 版
印　　次　2022 年 11 月第 1 次印刷
定　　价　42.00 元

版权所有　侵权必究
如图书有印装质量问题，请寄回本社出版部调换或拨打021-62597596联系。

目 录

卷 首 辞

最美不过夕阳红

温馨又从容

夕阳是晚开的花

夕阳是陈年的酒

夕阳是迟到的爱

夕阳是未了的情

多少情爱化作一片夕阳红……

——刘秉义

第一章　老人与智慧

懂得如何迈入晚年是智慧的杰作，同时也是人生这伟大艺术中最难谱写的篇章。

——〔瑞士〕阿米尔

这儿真好！避风，太阳光很暖和。我也是耄耋之年的老人，咱们就聊聊咱们老年人的事情。聊聊怎样做一个有智慧的老人，不做糊里糊涂的老人，不做“老糊涂”。如何？

好！那我们就从人是怎样悄悄地变老聊起吧。

第一节　人是怎样悄悄变老的?

一、老人的生理变化

人生自少而壮，由壮而老，这是自然界的规律。人们常说青少年如初升朝阳,中壮年如中天红日,老年如西下夕阳。“夕阳”如何?“夕阳无限好,只是近黄昏”,似乎是说,夕阳好是好,只是“好景不长”,有点儿悲凉的情绪。

其实,老年人从退休到离开这个世界,差不多还有30年的人生路程。这可是一段不算短的时光啊!老年人的人生可以像青少年、中壮年一样靓丽。所以,还是朱自清说得好:“但得夕阳无限好,何须惆怅近黄昏。”完全没有必要悲观失望。你们说是不是?

(30年啊!如果你是刚刚退休的“年轻”老人,你可曾想过:如何充分地享用这30年的美好时光?朋友,你可得有一个切合实际的退休计划哦!)

不过说到老年人的生理特征,那倒是不太令人乐观。(实事求是嘛!)从生理学的意义上说,老年期的典型特征就是“老”,即老化,而人的老化首先就是从生理方面开始的。只是这种“老化”的过程是悄悄地进行的,连你自己也弄不清楚是什么时候变老的,不是吗?

那么,老人的生理是怎样“悄悄”地变化的呢?

1. 体表外形改变

人老了,最明显的特征就是体表外形的变化。老朋友几年不见,见面时的第一感觉就是:“他(她)老了!”可是这种变化,当事人及其亲人或邻居是不易察觉的。所以说，人的变老是“悄悄地”发生的。

人老了，体表外形越来越老化，难免失去当年的风采。体表外形的变化，主要表现为：

头发。所谓“银发一族”，即在60岁以后，老年人的头发虽然不像李白说的那样：“高堂明镜悲白发，朝如青丝暮成雪。”但确实会由黑转灰，由灰变白。有的老年人还会出现脱发乃至秃顶的情况。

其实，世人的白发、黑发、金发都是很美的。白发作为老人的标志自有其况味，“白发皤然”，显现了老人特有的风采。一位哲人说：“满头白发被公认为是一顶荣誉的桂冠，是唯一令人尊敬而又永远不会引人嫉妒的东西。”对于老人来说，白发似乎并没有损害老人的形象。（为此而感到欣慰啊！）

皮肤。老人皮下脂肪减少，结缔组织弹性降低，导致皮肤出现皱纹，弹性减弱，还会出现皱褶、老人斑等体征。

对于老人脸上的皱纹，人们的看法又是如何呢？法国作家雨果说：“风度和皱纹结合的时候极可爱。愉快的暮年有一种说不出来的澄光。”当然容貌不能过分干瘪，否则会吓了孩子的。

那么，下面几项如何呢？

身高。老年人身高逐渐变矮，伴随这一变化，还会出现弓腰、驼背等体征。身高变矮，高个子尚可接受，而矮个子变得更矮，那就难免有点儿难堪了。

体重。老年人体重的变化因人而异，有的人因为体液含量减少而变轻，体形消瘦；有的人则由于脂肪代谢功能减退导致脂肪沉积增加，体形肥胖。清瘦体型只要不是太瘦，倒有几分"仙风道骨"，飘飘然有神仙之概。老人胖一点，只要不是太胖，叫作"富态"，对于老人健康没有什么不好，或者说更好一些。

其他。老年人肌肉松弛，关节活动不灵，动作缓慢，牙齿松动脱落，语言缓慢、含糊不清等，也是常见的体表特征。

器官功能下降

人老了，各种器官会发生退化，导致功能下降。这是自然规律，无法避免，但人体器官都有一个大致的衰老时刻，开始衰老时会发出一些信号，提醒人们及早采取措施，延缓这种退化的发生。

感觉器官

视觉。俗话说："花不花，四十八。"一般说来，年过四十，眼组织就会逐渐老化，玻璃体浑浊、白内障、黄斑变性等眼病会导致视力越来越模糊，以致视觉功能减退，视力下降。如果长时间使用电脑、手机等电子设备，会导致眼部衰老加速。因此，如果老人发现自己出现长时间视力模糊，甚至花眼等现象，都可能是眼部衰老的征兆。

听觉。听觉从50岁起开始衰退,60岁后会出现耳背、耳鸣等明显的听觉毛病。因此可以把耳背、耳鸣看作听觉器官衰退的信号。如果长时间使用耳机,则听觉衰老会加快速度。

味觉和嗅觉。老年人舌面上的味蕾数量减少,味觉迟钝,常感到饮食无味。鼻内感觉细胞减少,嗅觉不大灵敏。

还有触觉。过了60岁,人的机体敏感性大不如前,皮肤触觉、温感和痛感也相对迟钝;手指、脚趾等处于末梢循环的部位尤为明显。触觉的蜕变,难以防止伤害性刺激的危害。某些疾病,如糖尿病、脑中风等,都会加重这种蜕变。

呼吸器官

老年人的肺泡总数逐年减少,肺的弹性减弱,膨胀和回缩能力降低,肺活量下降。有的老人说:"日常活动没事,可一运动就上气不接下气。"这可能是长时期不锻炼的结果,但也有可能就是呼吸功能下降的信号。

循环器官

老年人随着老化进程,心肌逐渐萎缩,心脏肥厚硬化,弹性降低。这些变化使得心脏收缩能力减弱,搏动输出的血量减少,输送到各器官的血流量也会减少。供血不足影响各器官功能的发挥。

消化器官

老年人牙齿松动脱落,造成咀嚼不完全。胃的消化酶分泌减少，导致消化能力减弱。小肠和结肠的肠道萎缩，对食物的消化吸收功能减退，蠕动无力。

其他如排泄器官、生殖器官等的功能也都有不同程度的下降。男性老人总爱起夜，憋不住尿，女性老人甚至一咳嗽就漏尿。老人的“性福”似乎也有问题，女人“性淡漠”和男人“性障碍”都是常见的现象。

机体调控作用降低

人类乃至动物主要是通过神经和体液进行机体调控的，老人由于这两方面的老化导致机体调控作用降低，生存能力下降。突出地表现为：

适应能力减弱。环境变化，老人往往适应不了，一旦出现意外事故，更是难以正确应对。老人身体处于运动状态时也往往由于反应迟钝，容易受到伤害。

抵抗力下降。随着生理功能，特别是免疫功能的衰退，老人抵御疾病的能力明显下降。有的老人多种疾病缠身，苦不堪言。

自理能力降低。随着机体的衰老，体力减退，老人动作迟缓，行动多有不便；加之记忆力衰退，丢三落四，自理能力降低，甚至生活不能自理。

2. 脑的老化

最后说说脑的老化。

人类的脑是由大脑、小脑和脑干三部分组成。大脑是自然界进化最完善的产物，也是一切智慧产生的物质依托。小脑主要协助大脑维护身体平衡与协调动作。脑干是许多内脏器官和身体各部分的中枢，控制呼吸、心跳、血压等生理活动，维持人体平衡的基本生存状态。人的神经系统是由中枢神经系统和周围神经系统组成的。中枢神经系统包括脑和脊髓，周围神经系统分布于周身，是神经和身体感受器及运动效应器之间联系的通道。大脑皮层是最高中枢，是心理现象产生的物质基础，周围神经系统是产生心理现象不可缺少的重要组成部分。

人的大脑也会伴随着人的衰老而老化。脑的老化主要表现为脑的萎缩，脑细胞死亡是原因之一。因为神经细胞与身体其他细胞不同，它属于非再生性细胞，死亡后不能再生成新的细胞替代或补充。神经细胞在出生时最多，随着年龄的增长数量逐渐减少。老年人脑的衰老明显地表现为脑量的减轻，脑的血流量也逐渐减低。

由于脑的老化，老年人的心理活动随之发生相应的变化。老年人在记忆、感知觉、情绪和性格等方面都会出现某种退化现象。当然，这些都是“悄悄地”发生的。

老年人应当知道：随着年龄的增长，生理上不断发生退化，这是不可逆转的。（你会为此而感到悲哀吗?）但是需要指出的是，老年人上述变化的个体差异很大，衰退的时间早迟和程度轻重等具体情况各不相同。有的人未老先衰,有的人虽在暮年而犹如青壮。这种区别与个人的遗传基因、营养条件、生活方式以及精神状态等因素都有密切的关系。因此,作为老年人,对衰老要有一个正确的认识(老年观),明确衰老是一个正常的生理现象,就像日出日落、花开花谢一样,没有人能够逃脱生老病死的自然规律。(现在大概还应该这样理解吧!)所以,我们应当顺其自然,以平和、积极的心态和正确的养生方式对待衰老,力求健康、快乐地生活着,充分享受生命,享受生活的快乐和幸福,享受社会的尊重和赞誉。正如瑞士思想家阿米尔所说:"懂得如何迈入晚年是智慧的杰作,同时也是人生这一伟大艺术中最难谱写的乐章。"

拓展阅读

生理学 生物科学的一个分支,是以生物机体的生命活动现象和机体各个组成部分的功能为研究对象的一门科学,包括个体、器官、细胞和分子层次的生理活动研究,以及实验生理学、分子生理学和系统生理学等。

神经生理学 生理学的一个分支,研究神经系统(包括周围神经系统、脊椎和脑)的功能机理。由于专门研究神经系统,因而也是神经科学的一个分支。

二、老人的心理变化

“白发不能告诉你一个人心灵的年龄。”德国哲学家叔本华这样说过。老人的心理变化不像生理变化那样的悲观，老人的内心可以充满阳光。

老年人的心理伴随着生理老化也会出现老化现象，使得某些心理功能逐渐衰减。不过，老年人心理变化不同于生理变化，同一时期的心理功能在某一或某些方面下降，却会在其他的方面保持稳定，甚至产生新的适应代偿功能。

老年人的心理变化特点，主要表现在以下几个方面：

1. 认知和操作能力

能力是与顺利地完成某种活动相关的心理素质。从心理学的观点看，能力以思想内容的形式为人所拥有；技能是操作技术，以行动方式的形式为人所掌握。能力与知识、技能密切地关联着：掌握知识、技能要以一定的能力为前提，能力制约着掌握知识和技能的快慢、深浅、难易和巩固程度，而知识的掌握程度又会影响能力的提高。

老年人由于生理上的退化，各方面的能力自然变得减退，逐渐不能胜任工作任务。在古代，高龄官员会告老还乡，在当代则有更为严格、具体的退休制度。老年人学习新知识、认知新事物的能力显然不如年轻人。一些老年人认知能力下降,往往在新知识、新技术面前望而却步,比如不愿学习电脑,放弃使用智能手机,不敢问津新型的高科技产品,如此等等,并且往往因此而感到自卑,自觉“俱往矣!好汉不提当年勇”了。

叔本华说:“老年时最大的安慰莫过于意识到,已把全部青春的力量献给了永不衰老的事业。”由于青春献给了人类事业,那么“老有所养”就是社会的酬报。如果老年人觉得还有余热可以奉献社会,那么做一些力所能及的事情也在情理之中。

2. 记忆力

心理学家认为,记忆是指先前刺激不复存在时保持信息的大脑功能,是个体对其经验的识记、保持、回忆或再认知的过程。从信息加工的观点来看,记忆就是对信息进行的编码、储存和提取。

老年人的记忆力普遍下降,这是不争的事实。特别是对近期经历的事情,比如忘记刚刚说过的话、做过的事,甚至不承认这些言语和行为的存在。见到熟人叫不出名字,有时甚至连熟人也如同陌路,心理学叫作“脸盲”。有的人读起某一本书以为初读,及至发现自己的批注或标记才意识到曾经读过。一些老年人不愿意学习电脑和使用智能手机,固然跟学习能力下降有关，但更重要的是记不住，一遍遍地学、一遍遍地忘，于是失去信心。有些老年人对于自己的健忘现象深感恐惧，以为患上了老年痴呆症。其实老年的健忘和老年痴呆症是两码事。老年痴呆症除健忘以外还有其他一些典型的症状，如语言障碍、时空混乱、判断力和执行力骤降，情绪和行为异常，等等。因此，用不着担心。

老年人的记忆力是可以改善的。很多研究表明，训练可以改善老年人的记忆，甚至超过未经训练的年轻人。老年人改善记忆的方法很多。例如，联想或形象记忆的方法。记忆电话号码 15381041854，可以形象地翻译为“要吴山，不要冻死，要不无事”，保你能够记住。“陈白皮肤白皙，王勇很勇敢”，通过对颜色和行为的联想，也能帮助增强记忆。又如，进行背诵训练，背诵诗词、古文，背诵圆周率等，也能改善记忆力，至少可以延缓记忆力衰退的速度。此外，适量运动，合理饮食，对改善记忆力也有裨益。

3. 言语和思维

言语不同于语言。语言是一个符号系统，具有民族性，比如汉语、英语、日语等；言语是个人说出来的话，即话语。言语的存在依赖于思维，言语的意义就是思维的内容，亦即思想。但思维不是必然地依赖于言语，比如形象思维就不是通过言语表现出来的。

老年人言语官能退化，说话缓慢，甚至含混不清。老年人无论在概念形成、发现和解决问题的思维过程，还是在创造性思维和逻辑推理方面都不如从前。老年人说话颠三倒四，啰唆重复，与思维不清晰密切相关。所谓“树大根多，人老话多”，爱唠叨也是老年人的一个特点。老年人爱唠叨的原因很多，如排除寂寞，一些事不能做只好说，以为自己拥有真理而别人不懂，等等。

然而也有这样的情况：一些老人的言语表达能力不如从前，但思维却可能更加活跃，有时候思如泉涌，智识过人。这与勤于思维、善于思维有关。（不是思想懒汉，还与身体健康有关系。）例如著名语言学家周有光，虽然百岁高龄，仍能写出思路清晰的文章，令人钦羡。

4. 情感

情感一般与社会需要相联系，例如，集体感、责任感、荣誉感、羞耻感等。情感一般具有较大的稳定性和深刻性。情绪不同于情感，情绪是情感的表现形式，具有较大的情景性、随机性和短暂性。

老年人的情感过程一般随着社会地位、生活环境等因素变化而改变。他们的情感变化往往因人而异：有的人因为退休，为失去原来的地位、权力而情绪低落,郁郁寡欢;有的人却感到一身轻松,“一年三百六十五个休息日”,想做什么就做什么;有的人由于经济收入减少,感到生活压力加重,思想压抑;有的人则因为有了更多时间同亲人们在一起享天伦之乐而快乐;有的人沉湎于往事的回忆之中,缺少面对现实和面向未来的热情,而有的人则因为回想当年“过五关斩六将”的英雄壮举而感到无负此生。

当然,老年人的情感还有另一方面:更加稳定或有所升华。一是对老伴的情爱、对儿孙的疼爱和对朋友的友爱越发深刻,犹如陈年美酒,愈久愈香;二是审美情致更为理性,对人类有益的事物或行为,更倾向用自己的理智去审度,追求内在而深沉的心灵之美;三是情感体验持续时间较长,一旦被激发,则需要很长时间才能够恢复平静。(“最美不过夕阳红……多少情爱化作一片夕阳红”啊!)

5. 人格

人格即一个人的特性或个性,包括性格、兴趣、爱好、倾向性、价值观等等。到了老年期,人在人格方面也相应地发生变化。老年人的世界观、人生观已成型,有自己的行为模式,往往表现为老人特有的固执和任性。有的人则感到力不从心,凡事谨慎小心,唯恐出错,或者害怕因此而有失尊严。有的人对健康状况、经济生活、社交乃至生活自理能力过分担心、焦虑，对别人，特别是对配偶和小辈产生过多的依赖心理。有的人性格上“返老还童”，成了“老小孩”，像小孩那样好奇、挑剔饮食，像小孩一样顽皮、耍赖。

一般说来，老年人的人格特征，一是个性更加成熟；二是人格变化具有适应性；三是自我控制能力增强，执意做自己喜欢的事情，从而理解了“成为自己的主人才是幸福的”这句名言，把幸福感看作人格的体现。

人的生理和心理密切相关。人们的生理固然会影响心理，但心理也会影响生理。人们的心理有负面和正面之分，负面心理为消极心理，正面心理即积极心理。（由于存在两种不同的心理，相应地也有两门不同的心理学：以研究心理疾病为主的消极心理学和以研究幸福人生为主的积极心理学。）

老年，人生的金秋日子，辛苦耕耘一辈子终于迎来人生的收获季节。为了舒心地享用丰收成果，老年人应当认真地辨别心理的积极和消极因素，从而促成和聚合尽可能多的积极心理因素，抑制和化解消极心理因素。《老年积极心理学读本——你不知道的老年幸福学》一书就为老人们送上了这样一份礼物。

《老年积极心理学》一书共十章，也是十个内容要点：

1. 乐观的老年人比多抱怨的老年人更积极、更幸福；

2. 已觉悟的老年人比偏执的老年人更积极、更幸福；

3. 豁达的老年人比狭隘的老年人更积极、更幸福；

4. 坚韧、进取的老年人更积极、更幸福；

5. 快乐的老年人比郁闷的老年人更积极、更幸福；

6. 平和柔韧的老年人更积极、更幸福；

7. 懂爱、善良的老年人比自我、愤懑的老年人更积极、更幸福；

8. 勤快、开朗的老年人更积极、更幸福；

9. 适度运动的老年人更积极、更幸福；

10. 学习使老年人更积极、更幸福。

该书中每一个要点都通过积极和消极两种心理的比较，说明在同等物质条件下，积极心理比消极心理更具有幸福感，更能保持生命的活力和推迟衰老的到来。所以老年积极心理学也就是“老年幸福学”。

老年人众多的积极心理因素中，以下三点应当是老年人积极心理的核心因素：

（1）乐观、豁达

乐观、豁达的老年人都有一些共同的积极心理因素，比如，积极的人生观和较高的生活满意度，比悲观、狭隘的老年人更能产生积极的心理暗示；比如，对身体健康自我感觉良好，因而活得也更长久。

（2）学习进取

古人说“活到老学到老”，这句话可以帮助老年人达到学习进取的更高境界。学习中的积极情绪就像一种“酶”，可以起到催化和促进作用，使老年人得到感官愉悦和积极的心理享受。学习可以让老人感到精神充实和人生永不停步。

（3）觉悟

“觉悟”来源于佛家语，意思是彻底体会到最高真理，表现为最高的智慧。从心理学的意义上说，觉悟的老人懂得人生的意义和价值，洞明世事，看破名利生死，摒弃一切人间俗虑，拿得起放得下，随心所欲而不逾矩。这就是人生的大智慧。

从乐观、豁达到学习进取，再到大彻大悟，这是老年人积极心理的三重境界：第一重境界逍遥闲适，第二重境界踏实、充盈，第三重境界超越自我。人生至此，夫复何求！

拓展阅读

心理学　研究人的心理现象发生、发展及其规律的科学。心理现象是人脑以不同形式反映客观事物及其相互关系的活动。心理学最初依附于哲学，19世纪中期成为一门独立学科。

老年心理学　研究老年人的心理和行为特征，研究老年人的记忆、智力、情感、人格等心理变化和发展及临终关怀等内容。

阅读参考：

《普通心理学》，彭聃龄著，北京大学出版社 2004 年出版。

《老年心理学》，张志杰、王铭维著，西南师范大学出版社 2015 年出版。

《老年积极心理学读本——你不知道的老年幸福学》，方新立等著，南开大学出版社 2014 年出版。

第二节　老人的智力还会发展吗？

一、什么是智力？

智力等同于智慧吗？不等同，但有密切的关系。

那么，什么是智力呢？智力是人对事物的认知和实践能力。同智力最贴近的概念就是聪明和智慧。当我们夸奖一个孩子的智力时,更多地是说孩子的聪明;当我们称道一位老人的智力时,更多地是说老人的智慧。聪明属于先天的禀赋,智慧属于后天的习得,而智力则兼容二者:既有先天禀赋,也有后天习得。智力含有聪明和智慧两种成分。

智力可以按照不同的标准进行分类。这里介绍两种比较重要而且实用的分类方法及其理论依据。

1. 合成智力、经验智力和情境智力

美国心理学家斯滕伯格提出"智力三元结构"理论,认为一个完整的智力理论应该考虑智力和人所处的外在世界、人的内心世界,以及与人有关的个人经验三者之间的关系,即合成、经验、情境。这三个角度代表了智力操作过程中的三个不同层面。

合成智力(Componential Intelligence)是指个体利用所储备的相关知识资料,通过判断、推理,用以解决问题的能力。例如,一个熟练的汽车司机在崎岖道上开车,将驾驶的知识技能合理地分配在手、眼、脚各方面,准确判断路况,快速找到解决问题的方法,顺利到达目的地。这个过程就体现了这位司机的合成智力。

经验智力(Experiential Intelligence)是指个体能够运用已有经验解决新问题,同时又能够整合其他资源使之成为新的经验。经验智力具有两个特征:一是应对新情境的能力;二是自动化加工的能力（不假思索）。例如，一位司机在陡峭的盘山公路上开车，他运用已有的崎岖道上开车的经验，并整合了曾经行走在悬崖峭壁上等方面的经验，于是形成了盘山公路上开车的新经验。这个过程体现了司机的经验智力。拥有经验智力，即便是面临新环境时也具有良好的适应能力。

情境智力（Contextual Intelligence）是指个体在特定的背景下，利用所学的知识去解决实际问题的能力。例如，对于需要野外生存的人来说（比如地质勘探队员、“驴友”），区分有毒和无毒植物、采集和狩猎，就是重要的能力，而对于生活在城市的人来说，则需要具备在工业化社会中生存的能力，如使用各种智能设备。情境智力是适应特定情境的智力，也是一种生存能力。

2. 流体智力和晶体智力

美国心理学家雷蒙德·卡特尔将智力划分为流体智力（Fluid Intelligence）和晶体智力（Crystallized Intelligence）。这种划分，对智力的研究产生过颇为重要的影响。

流体智力是以生理为基础，与认知基本过程相关的能力，如知觉速度、机械记忆、推理能力等。流体智力与生俱来，很大程度上受先天遗传的影响，反映了中枢神经的能力。流体智力伴随神经系统的成熟而提高，又随着神经系统的衰老而减退。流体智力的发展与年龄有密切关系，一般人在 20 岁之后发展到顶峰,30 岁以后随着年龄增长而逐渐降低。

晶体智力是人们经过后天学习逐渐积累起来的能力,主要是指已学会的技能和技巧、语言文字能力、判断力、联想力,以及解决问题的信息加工能力,等等。它受到教育、经验以及个体所处的文化背景的影响,但与年龄的关系较小,可以在一生中不断得到发展。

(至于这种智力分类为什么称作“流体智力”和“晶体智力”?有人解释说,流体智力是一种潜在的智力,主要和神经系统有关,与文化教育关系不大,这种智力几乎可以转换为(流淌在)一切其他形式的智力活动。所以叫作“流体智力”。而晶体智力主要是通过后天学习获得的,与知识积累有关,是流体智力应用于社会环境的产物,是经验知识技能的结晶,所以称为“晶体智力”。这样命名让人们耳目一新,印象深刻。)

雷蒙德·卡特尔把智力划分为流体智力和晶体智力,让我们联想到我们最熟悉的两个概念:“聪明”和“智慧”。流体智力与生俱来,伴随神经系统的成熟而提高,又随着神经系统的衰老而减退。这不就是我们说的先天禀赋的“聪明”吗?晶体智力是人们经过后天学习逐渐积累起来的能力,不就是我们说的后天习得的“智慧”吗?

那么,什么是“智力”呢?我们能不能简单地说成:智力就是一个人的聪慧(聪明和智慧)程度。如果可以(即使不够准确),那对我们理解什么是“智力”就容易得多了。

二、老年人智力的发展

随着年龄的增长,老年人身体各部分机能出现衰退老化的趋势是必然的。生理学的研究也表明:随着年龄增长,个体脑细胞和大脑褶皱减少,脑重量也随之减轻,最终导致大脑活动减弱。

那么,老年人的智力就必然地一直走下坡路吗?结论似乎就是这样,但实际情况并非如此。老年期的智力必然衰退的结论不能成立。

1. 认知突破:老年期的智力也是有所发展的

20 世纪 50 年代的心理学研究认为,智力功能在成年早期达到高峰,以后就不可避免地呈下降趋势。这一阶段研究的重点在于发现智力下降发生的具体时间及下降的速度。

可是到了 20 世纪 60 年代,一些研究者认识到:智力的构成并不单一,而且构成智力的若干成分会有不同程度的发展趋势。于是他们宣布:智力随年龄增长而下降的这种趋势只是一种“暮年传说”。他们认为,随着年龄增长,知识和经验也在不断积累,理解和推理能力必然随之提高,因此,实际上成年期至老年期的智力也是有所发展的。

新的观点推动了老年智力发展的研究，也鼓舞了老人们追求高质量晚年生活的信心和热情。

2. “智力终生发展观”的证明

对于老年人智力的发展，“智力终生发展观”用了五个理由证明了个体的智力可以在一生当中得到不断的发展和提高。我们重点讨论其中的三个理由：

（1）晶体智力的发展弥补了流体智力带来智力衰退的不足。雷蒙德·卡特尔的“流体智力”和“晶体智力”理论告诉我们，流体智力属于先天禀赋，随着神经系统的衰老而减退，一般人在20岁之后达到顶峰，30岁以后逐年下降；晶体智力由于是后天习得，与年龄关系较小，一生中都可以稳中有升。（流体智力对应聪明，晶体智力对应智慧。）

（2）智力具有可塑性，可以通过实践和训练进行塑造或改变。心理学家约翰·华生曾说：“请给我十几个健康没有缺陷的婴儿，让我在我的特殊世界中教养，那么我可以担保，在这十几个婴儿当中，随便挑出来一个，都可以训练他成为任何一种专家。”

（3）跨学科的研究方法促进了智力发展的研究。科学研究的进步，使得心理学家能够利用功能磁共振成像、正电子发射扫描、脑电图、脑磁图等生物医学研究技术来客观、确凿地

“追寻大脑的真相”。

（另外两点理由分别是：智力测量工具的不断改进，有助于更加准确地测量出个体的智力；智力发展受到多种因素的影响，用一种模式概括个体的一生的智力发展是片面的。）

“智力终生发展观”的智力终生发展证明，显然是很有说服力的。

3. 预防智力衰退，保持智力的良好水平

美国心理学家沙因的研究表明，老年人如果具备以下因素就可以帮助个体减少智力衰退风险，更大程度地保持智力的良好水平。这些因素是：

（1）没有心脑血管或其他慢性疾病；

（2）没有出现知觉感受性的疾病；

（3）高于平均值的教育水平和收入水平；

（4）经常从事复杂程度较高的活动，而非长期只从事一种单调的活动；

（5）健康的心态；

（6）对于早年或中年生活的满意程度较高；

（7）家庭成员完整以及拥有教育水平、智力水平较高的配偶。

“冰冻三尺,非一日之寒。”从前述七个条件来看,保持老年人智力的良好水平,甚至要从年轻时就开始积淀。

当然,老年人如果不具备这些条件,智力也未必会出现较大的衰退。在日常生活中培养良好的行为习惯,也可以锻炼大脑,预防智力衰退,保持智力的良好水平。其要点是:

(1)勤于用脑

老人常做用脑且有趣的事情,可以保持思维敏捷,延缓大脑衰退的速度。比如,阅读自己喜欢的书,学习一门新知识或者新技术,都可以为大脑提供新异的刺激,活跃大脑的神经细胞。比如,跟朋友聊天、下棋、打麻将,也可以刺激神经细胞的活力。比如,玩七巧板、九连环、华容道等智力玩具,这叫作“智力体操”。如果跟儿孙们一道玩耍,比如,搭积木、走迷宫、玩拼图,效果更佳,可以玩出个“年轻大脑”。

(2)起居饮食有常

老人要调好自己的生物钟,什么时间起床、进餐、活动、休息,都有严格的时间表,早晨准点自然醒。保持足够的睡眠时间,对于缓解大脑疲劳有重要作用。睡眠时间过长,对于老人的心脏跳动、血液循环、新陈代谢都无益而有害。老人的饮食要有均衡的营养,以水果、蔬菜、鱼类为主,适量饮用葡萄酒。这样的饮食搭配,有益于心血管的健康。此外,补充维生素 B_{12},可能会延缓老年人的智力衰退。

（3）适当的体育活动

“生命在于运动。”老年人在身体条件允许的情况下进行适度的体育锻炼，可以为神经细胞提供充足的氧气和能量，提高神经活动的均衡性和耐受性。适合老人的体育活动，如：散步、慢跑、太极拳、太极剑、门球、保龄球、登山、跳交际舞、广场舞等，有助于延年益寿，有助于智力水平的保持和提高。

（4）拥有乐观心态

快乐是一种人生的权利。如果说人们的财富永远不会均等，那么快乐的权利则是人人平等的。老人有老人的快乐：饱经风霜，换来了人生智慧；有了时间，可以做自己想做的事情；儿孙绕膝，尽享天伦之乐。乐观者是快乐的，但是一般的快乐可能是短暂的，而乐观的快乐心态可以保持很久，甚至一生一世。心理学研究表明，拥有良好的心态的老年人，会更少地遭受身体机能衰退带来的困扰。

（5）参加社交活动

老人广泛接触社会人群，其心理年龄都会比实际年龄小，智力会得到较好的保持和提高。社交可以说是大脑认知的锻炼。当你和朋友们交流的时候，你的大脑会不断闪现他们提供的信息，大脑皮层一直处于兴奋状态。即兴的言语交流，对于理解力、概括力、推断力，以及反应速度都有重要的促进作用。老年人参加社交的方式多样，比如读书会、书画会、合唱团、旅游团、“走基层”、社区活动等。

苏东坡《浣溪沙》词云:“谁道人生无再少,门前流水尚能西。”老年人为什么就不能保持和发展智力水平呢?

拓展阅读

老年学 在老年医学、老年生理学、老年心理学和老年社会学等边缘性学科产生和发展的基础上形成的一门综合性学科。老年学的渊源久远,可以追溯到古代的炼丹术和对人的长寿研究。20 世纪 40 年代,生物学家根据拉丁文 geron(老人)与 logos(学科)创造了一个新词 gerontology(老年学)。此后,老年学便统括对老年人和老龄化的研究,逐步成为一门独立学科。

第三节 老人的智慧

一、智慧的两个要点

什么是“智慧”? 智慧应当就是前面所说的“晶体智力”,

一种后天习得的能力。与晶体智力相对应的是流体智力，也就是我们所理解的“聪明”。流体智力是一种先天禀赋，在20岁之后发展到顶峰，30岁以后随着年龄增长而逐渐减退。只有晶体智力——我们所说的“智慧”还在发展，到了老年更趋于成熟。

瑞士著名的心理学家皮亚杰在《智慧心理学》一书中把智慧看成是适应性和逻辑性最大程度的统一。我们在运用智慧时要特别注意“智慧”的这两个基本特征：适应性和逻辑性，把握住这两个要点。

1. 推理要符合逻辑

逻辑性是智慧的核心，我们就从“智慧”这个核心问题说起。

“逻辑”是我们非常熟悉的一个名词术语。逻辑所说的就是推理，就是如何从真实的前提推出正确的结论。比如说，如果地冻，那么天寒。以往的经验告诉我们，这个前提是真实的。再加上一个前提：现在地上结冰了（地冻）。如果这个前提在事实上也是真的，那么根据这两个真实的前提能够推出什么结论呢？我们推出：现在天很冷（天寒）。这个结论正确吗？当然是正确的，也就是说，推出的这个结论必然也是真的。（我们想你也是这样推出的。对吗？）

换一个例子。如果地冻,那么天寒。地没有冻,所以天不寒。这个推理正确吗?不正确。(你说呢?)为什么?你想想看,如果这时候,零下好几度,可是西北风刮得很厉害,地没有结冰,能够说天不寒吗?不能够啊!也就是说,这个结论是假的,必然为假。(是这样的吗?是啊!)

推理的一般公式就是:

(因为)A,所以 B

A 是前提,B 是结论。"所以"表示前提和结论之间有"推出"关系。(所以,我们通常把推理就叫作"所以"。)

既然推理的结论可能为真也可能为假,那么怎样才能保证推理的结论必然为真呢?这就要遵守推理的规则了。推理规则有两条:一是前提真实,二是形式正确。前提真实要靠我们的认知能力进行判断,而形式正确则要求推理者懂得一些逻辑知识。

可是问题来了。小孩儿没有学过逻辑,我们好些人都没有学过逻辑,难道这些人都不会推理吗?那当然不是啊!人们的推理能力是天生的。刚出生的婴儿,肚子饿了,就用哭声呼唤母亲喂奶。这就是推理,属于"感知—运动"的逻辑。孩子长大会说话了,于是有了言语思维的逻辑。没有学过逻辑的人的确会推理,而且有的人推得很好,甚至出奇地好。那么这是怎么一回事？原来他们的推理是“悟”出来的，靠悟性“悟”出来的，叫作“悟性推理”。悟性推理虽然有效但不能保证结论必然为真。学习逻辑就是为了提高我们自身的逻辑素养，提高推理结论的可靠性程度，提高自己的智慧化水平。（并不是说没有学过逻辑就不会推理。）

凡是有智慧的人都是擅长推理的人，没有例外。凡是含有智慧的言语和行为，都体现了正确的推理，没有例外。逻辑性是智慧的核心，没有逻辑性就没有智慧可言。

2. 主客观相一致

对于智慧而言，正确推理固然极端重要，但还有比正确推理更为重要的东西，那就是适应性。适应性是智慧的本质。

逻辑创始人、古希腊的亚里士多德说：“凡以是为不是、不是为是者，这就是假；凡以是为是、以假为假者，这就是真。”亚氏的意思是说，语句的真在于它与客观实际相符合，否则为假。也就是说，推理的结论为真就在于它与客观事实相一致。主观必须适应客观。

有智慧的人都擅长推理，但推理的正确性必须经过社会实践的验证。只有按照推理办成了的事情，才能证明推理是正确的，这才是智慧。否则无智慧可言。（你说是不是这个“理”儿？如果有人尽做错事，还有人说他有智慧吗？没有哦！）所谓

“心想事成”，这是智慧，但心里想的必须与客观上的“事成”相一致。

战国时赵国有个将军叫赵括，自幼熟读兵书，说起洋洋洒洒的兵法头头是道，可是在对秦国的一次战争中，四十万大军全军覆没。这种“纸上谈兵”，还有什么智慧可言呢？

三国时赤壁之战，曹操败走。诸葛亮推断出曹操必走华容道，于是派重兵堵截，终获大胜。这才是智慧哩！

智慧的适应性就是要求主客观相一致，也就是主观推理与客观实践相一致。这句话说起来容易做起来难。由于客观世界的极端复杂性和个人认知能力的局限性，要做到主客观相一致，谈何容易啊！

下面，请看一个显现老人智慧的故事：

战国时，赵太后刚刚管起了赵国的大事，秦国就发兵攻赵。太后求助于齐国，齐国回答说，如果太后的爱子长安君到齐为质，齐国就出兵相救。太后坚决拒绝，不听大臣们谏阻。老臣触龙进见，两位老人聊起了家常，说到了手脚不便、胃口不好；触龙想把小儿子送进宫中当侍卫，太后允诺。下面一段对话是：

太后：男人也怜爱小儿子吗？

触龙：比妇人更甚。

太后：不，妇人特别爱小儿子。

触龙：老臣的看法，太后爱燕后胜过爱长安君。

太后：你错了，比不上长安君爱得深。

触龙：父母爱子女，就得为他们考虑深一点。……现在太后给长安君以高位，把富裕肥沃的地方封给他，又赐予大量珍宝，却不曾想到让他为国家建功立业。有朝一日太后百年了，长安君凭什么在赵国立足呢？老臣以为太后为长安君考虑得太短浅了。所以我以为你爱他不如爱燕后。

太后：行啊！任凭你派他到什么地方去。

于是长安君到了齐国做人质，齐国出兵救赵，秦国退兵。

触龙应用的是说服的逻辑推理。亚里士多德提出过“说服三要素”，即品格（ethos）、情感（pathos）和理性（logos）。触龙作为老臣，具有让人信服的品格；触龙开始和太后聊家常，是在酝酿情感；后来和太后对于“是不是最爱小儿子”的辩论，是针对太后的感情用事给予理性的说服（即一连串的推理）。

老臣触龙的经验型逻辑是在前提中添加了用岁月换来的经验，推理技巧娴熟，使得前提的真实性程度更高，结论可靠性更强，充分体现了老年人的智慧，在实践中说服了太后，实现了智慧的主客观相一致，即适应性。

二、老人的经验型智慧

经验是指一个人在掌握了一定知识的基础上,通过自己的亲身体验形成的对于事物处理的一些心得和技巧。通俗地说,经验就是你事情做多了,遇到事情时心里知道该怎样做。所谓老人经验型逻辑,是这样一种思维方式,即有些老人在判断事物情况时,根据事物的外部情况,结合自己的经验进行推理。经验型逻辑一般属于悟性逻辑。

老人由于历经岁月的磨炼而拥有许多智慧和经验。俗话说"家有一老,如有一宝""不听老人言,吃亏在眼前""姜还是老的辣""明珠出在老蚌"等,都是说明老人智慧的宝贵。老人的智慧往往是年轻人所不能及的。德国著名哲学家黑格尔也曾说过:"同一句格言,从年轻人(即使他理解得完全正确)的口中说出来时,总是没有那种在饱经风霜的老年人智慧中所具有的意义。后者能够表达出这句格言所包含的全部内容的全部力量。"

例如,有一位年逾90岁的老人说,人活到老了,就学会"看人"。他说看人是一种本事,是累积下来的经验,错不了的。"古人说人不可貌相,我却说人可以貌相。"看人也不单是看外表,还要配合眼神和谈吐,以及行为和动作,这样看人就更加准确。这位老人列举了一系列看人的经验,下面选录几条:

獐头鼠目的人，好不到哪里去。和你谈话时偷偷瞄你一眼，心里不知打什么坏主意。这样人要避开，愈远愈好。

大老板身边有一群人，嬉皮笑脸地拍马屁，这些人的知识水平不会高到哪里去。虽然说要保得住饭碗，也不必做到这种地步！能当得上老板的人，还不都是聪明人？他们心中有数，对这群来讨好自己的人，虽不讨厌，但是心中不信任，是必然的事。

说教式地把一件不愉快的事重复又重复，是生活刻板的人，消极的人。尽量少和这种人交谈，要不然你的精力会被他们吸光。

爱吃东西的人，多数不是什么坏人。他们拼命追求美食，没有时间去害人。

样子普通，但有股灵气的女人，最值得爱。什么叫有灵气？看她们的眼睛就知道。你一说话，她们的口张开之前眼睛已动，眼睛告诉你她们赞不赞成。即使她们不同意你的看法，也不会和你争辩，因为她们知道，世界上要有各种意见才有趣。

从不见笑容,眼睛像兀鹰一样的人,阴险得很。德国的希特勒,就是例子。

老人说,看人是一种本事,是累积下来的经验。这位老人的智慧属经验型:老人看到的人多了,把经验归纳起来,于是就形成了老人的智慧,叫作“慧眼识人”。

再看下面的例子:

一位老人在一家餐馆用餐,当他起身去拿餐巾纸时,邻桌一个年轻人乘机拿走了老人放在桌上的手机,并走向门口。老人似乎发现了什么,于是叫住了年轻人。老人说:“小伙子,请等一下。”年轻人一愣:“怎么啦?”“昨天我70岁生日,女儿送我一部手机,刚才就放在桌子上,现在不见了。肯定是我碰到地上了。我眼神不好,能不能麻烦您找找。”年轻人弯下腰,沿着老人的桌子钻了一圈,然后把手机递过来:“老人家,是不是这个?还真的掉在了地上!”老人说:“谢谢你!真是个不错的小伙子。”

这位老人依据自己用岁月换来的经验,机智而巧妙地取回失去的手机,还以表扬的语气教育了迷失心志的年轻人,一切都做得那么恰到好处。这是一位可钦可敬的智慧老人。

三、老人智慧的认知和实践

智慧是一种智力，是对客观事物的认知和实践的一种能力。下面就说说与老人智慧的认知和实践最相关联的几个问题。

1."多想出智慧"

"多想出智慧"，这是老人的智慧之源。想，就是思考，或曰"推理"。多想，通常在一些善于推理的人身上发生；多想也是拥有智慧的人的良好习惯。智慧通常来源于多思多想，在更多的思考中办成了一件件重要的事情。比如，下面这个例子：

A在合资公司做白领，觉得自己满腔抱负没有得到上级的赏识。他经常想：如果有一天能见到老总，有机会展示一下自己的才干就好了。

A的同事B也有同样的想法。他去打听老总上下班的时间，算好老总大概在什么时候进电梯，希望能够见到老总，有机会跟老总打个招呼说说话。

A和B的同事C也是这样想的。他更进一步，详细地了解了老总毕业的学校、奋斗历程、性格和爱好等情况，还精心设计了几句简单却有分量的开场白，在算好的时间里乘电梯。C 在跟老总几次简短对话之后，终于有一天跟老总长谈了一次，不久就争取到了一个很好的职位。

C 因为比 A 和 B 多想了一些，结果如愿以偿。这就是“多想出智慧”。

老人有的是时间，比较重要的事情，不妨想想再想想，多想总是可以想出好主意的。有时候似乎“山重水复疑无路”，思考多了，就会迎来“柳暗花明又一村”的好风光。

多想当然不是胡思乱想。究竟怎样多想才能出智慧？当然可以有许多话好说。这里有一个方法是可以采用的，那就是：以别人思考的终点作为自己思考的起点；以自己以往思考的终点作为现在思考的起点。经过实践，颇见效益。诸位不妨试试，如何？

2. 有所为有所不为

老人智慧的实践：有所为有所不为。智慧教会老人有所作为，也教会老人有所不为。

老有所为，“为”些什么？这与老人自己对人生意义的理解有关。什么是人生的“意义”？不同的人往往有不同的理解。我在经过许多思考之后，总结为八个字：享受人生，奉献社会。理由何在？我是这样思考的：一个人来到人世间纯属偶然。人有生物性和社会性两个属性：从生物性的意义上说，生命对于每个人都只有一次，我们既然来到这个世界，就得珍惜生命的价值，不仅应当活着，而且要活得绚丽多彩，有滋有味，才不枉来人世一遭；从社会性的意义上说，生的价值不是仅仅活着，还要为建设和谐美好的人类社会做出奉献。“莫道桑榆晚，为霞尚满天”，老人拥有宝贵的经验型智慧，还可以为社会贡献余热。所以，我们还有许多事情可“为”：为自己更好地享受人生作出努力，为建设美好和谐的人类社会做出奉献。

至于“有所不为”，就是别干傻事，不要给社会、家庭乃至个人带来负面影响。比如：

不要把老底都给了孩子。

不要干预乃至包办孩子的婚恋。

不要包揽孙子辈的养育和教育。

不要干预孩子们对于专业和职业的选择；

不要沉湎于养生；

不要迷信神鬼；

不要倚老卖老。

如此，等等。

傻事越出了理性的底线，是一种非理性行为，属于智力低下，与智慧没有半毛钱的关系。

3. 从容、安详

生活中的智慧老人应该是什么样子？四个字：从容，安详。

老人的一生经历了风风雨雨、坎坎坷坷。智慧老人由于擅长推理，善于实践，洞明世事，“胸有成竹”（胸中自有百万甲兵），因而遇事云淡风轻，从容不迫，安详宁静。从容，安详，尽情地展示了智慧老人的风采。

宋代著名理学大师程颢，世称明道先生，他有一首《偶成》，诗云：

闲来无事不从容，睡觉东窗日已红。
万物静观皆自得，四时佳兴与人同。
道通天地有形外，思入风云变态中。
富贵不淫贫贱乐，男儿到此是豪雄。

诗中没有抑郁，没有烦躁，没有惆怅，没有忧愁；有的只是美丽的遐思和通达“天人合一”的精神境界，有的只是从容和安详，体现了一种特有的智慧之美。

当然，从容、安详并非无所事事，而是以平和的心态去接受人世间的种种挑战,去面对五光十色、多姿多彩的人生。智慧老人比谁都更懂得用自己的方式奉献社会。

从容、安详,也不意味着行为刻板,缺乏人情味。智慧老人最懂得生活,懂得生活的自由,甚至率意。比如说享受美食美酒,享受音乐、美术、美文、美景和美好的感情。智慧老人喜欢倾听别人说话,从不同的人的言谈中吸取教益,丰富自己的见识,但绝不人云亦云,必要时不妨激烈争论一场。智慧老人喜欢按自己喜欢的方式待人处世,享受生活。

拓展阅读

皮亚杰《智慧心理学》 洪宝林译,中国社会科学出版社 1992 年出版。皮亚杰给出"智慧"的发生定义为:"智慧是从知觉、习惯和低级的感觉-运动性机制中产生出来的一切结构过程所趋向的那种平衡形式。"他明确地指出:智慧是适应性和逻辑性的最大程度的统一。智慧分为两类:一是经验性,即实践的智慧;二是思考性,即逻辑的智慧。

第二章　老有所思

心之官则思，思则得之，不思则不得也。

——孟子

前面一章是序章。序章告诉我们，什么样的老人才能称得上“智慧老人”。下面，我们讨论怎样做一个智慧老人。具体讨论八个方面的内容：老有所思、老有所学、老有所为、老有所弃、老有所乐、老有所养、老有所爱、老有所归。我们不妨简单地称之为“八老”理论。从“老有所思”说起，一章章讨论下去。

第一节　“心之官则思”

一、思维的心理特征

孟子名言：“心之官则思，思则得之，不思则不得也。”（《孟子·告子上》)意思是说,心的功能就是思考(或曰“思维”),思考可以获得新知,不思考就得不到新知。所以必须“用心”思考。

古人误认为心脏是思维的器官,那么“心”这个器官的功能是什么呢?“心之官”就是用来思考的。“思则得之,不思则不得也”,孟子从一正一反两方面陈述了“心”的功能,对比鲜明,醒人耳目。几句话集中在一个“思”字上,中心突出,使人对其用意一目了然。

神经生理学研究认为,思维无关心脏的事情,大脑才是思维的器官。那么思维又是怎么样发生的呢?

思维是一种高级神经活动,是大脑把外界事物的信息转换为知识的认知过程。简单的说法是神经元通过电信号和化学信号进行沟通的过程,即生物电流通过神经元的轴突传导神经冲动,这种冲动是钠离子 Na^+、钾离子 K^+、钙离子 Ca^{2+} 和氯离子 Cl^- 四种离子运动的结果。由神经元产生的运载信息的化学物质称为“神经递质”。最新的脑结构与功能成像技术已经能够观察到人脑如何进行学习与思考、产生情绪情感和各种社会行为。

我们每个人的思维都有一个发生和发展的过程。起初,婴儿没有思维,是以协调特定感知觉与动作为中心的。儿童最初的推理也并非思维的形式,而是“感知-运动”图式——逻辑推理的一种特殊形态。后来产生了思维,思维就是“动作的外化”,或者说是“外化的动作”。(所谓“思维活动”,它也是一种

“活动”啊!)随后,语言产生了,思维就同语言结合在一起,称为“言语思维”。(此前,思维同表象结合在一起,即表象思维,或曰形象思维。)

思维跟感觉和知觉一样,都是对客观事物的反映。思维具有两个明显的心理学特征:

1. 概括性

思维的概括性,是指思维所反映的不是个别事物或事物的个别属性,而是一类事物特有或本质的属性。概括是在同一类事物同其他事物进行比较的基础上,找出它们相同的属性,舍弃不同的属性,只把这类事物有的而其他类事物没有的属性抽取出来,形成它们的共有属性(特有属性或本质属性)。例如,把各种各样的果实拿来比较,它们相同的是都有果皮、果肉和种子,它们之间不同的是有的能吃,有的不能吃;有的长在地下(如花生),有的长在地面上;它们的形状、颜色、大小、滋味也各有不同,如此等等。把这些不同的属性舍去,抽取出“有果皮、果肉和种子”这些属性单独进行考察,我们叫它“果实”。这就是思维的概括性。

2. 间接性

所谓思维的间接性,是说思维与感觉知觉反映事物的方式不同：感觉和知觉是直接地反映事物，而思维则是通过其他事物的媒介，间接地反映事物。例如，早晨起来，看到路面潮湿便推想到夜里下过雨。在这里，夜里下过雨的事实是通过路面潮湿的媒介推断出来的。

归结起来，思维就是人脑对于客观事物的概括的、间接的反映。正是由于思维的概括的、间接的性质，通过思维，就可以认识那些没有直接作用于人脑的事物或事物的属性，也可以预见事物发展变化的进程。人不能直接感知光的运动速度，但通过实验可以间接推算出光速为每秒钟 30 万千米。比起感知，人的思维具有无限广阔的领域。

“心之官则思”，大脑就是用来思考的，人老退休了，但是大脑不会“退休”。大脑每当接受一项“新任务”时，脑的许多区域都会被“激活”，以致“思如泉涌”。所以大脑越用越灵，越想越会想，直到老年也是这样。“多想出智慧”，智慧老人不仅勤于思考而且善于思考，“智慧”就是来自“多思多想”。

二、思维的逻辑

（亲爱的老年朋友，如果你没有读过逻辑的书，不妨就从这里开始，结合自己丰富的经验学点逻辑，对于提高智慧化水平大有裨益。）

由于思维是人脑对客观事物概括和间接的反映，人们在经验概括的基础上形成了概念，由概念组成判断（命题），由判断（命题）组成推理。

思维是同语言密切结合在一起的，人们说话就是思维的表达，我们称之为“言语思维”。（沉思默想也要使用语言。）概念的语言形式是语词（词或词组），如“人”“鱼”“美人鱼”“玫瑰花”“乌托邦”“奥林匹克运动会”“我们伟大的祖国”等等；判断（命题）的语言形式是句子（单句和复句），如“所有人都是有感情的”“有人很聪明”“有人不是好人”“江山易改，本性难移”“万物静观皆自得，四时佳兴与人同”等等；推理的语言形式是复句和句群，如：“天很冷，地都结冰了。”“你去不去？你不去，我去！”等等。

逻辑就是研究推理的一门学问。

那么，什么是推理？推理就是从已知推出新知的认知过程。推理由前提和结论组成：前提是已知的，结论就是从已知前提推导出来的新知。如序章中说到的那个推理：如果地冻，那么天寒。现在地冻，所以天寒。它有三个判断（句子）组成：“如果地冻，那么天寒”和“现在地冻”两个判断为已知的前提，判断“天寒”是结论，是推导出来的新知。（“天寒”两个字是一个句子：“天”是主语，“寒”是谓语。“地冻”类此。）

日常推理有三种形式：类比推理、归纳推理和演绎推理。

类比推理。类比推理是从个别推出个别的推理。例如：

不用担心你儿子考不上大学。（因为）我儿子和你儿子学习差不多。去年我儿子考上了浙大。你担心什么？

“不用担心你儿子考不上大学”是结论，后面的话是前提。意思是说，你儿子（个别）和我儿子（个别）学习差不多（相似），我儿子考上了大学，所以你儿子也能考上大学。公式可以写成：

A 相似于 B，A_i，所以 B_i

i 表示属性。意思是说，A 和 B 相似，A 有某属性，由此推出 B 也有某属性。

归纳推理。归纳推理是从个别推出一般的推理。例如：

鸡生蛋，鸭生蛋，天鹅生蛋，燕子生蛋，老鹰也生蛋。（所以）鸟都生蛋。

“鸡生蛋，鸭生蛋，天鹅生蛋，燕子生蛋，老鹰生蛋”（当然是指雌鸟）为前提，“鸟都生蛋”是结论。公式写成：

A_1是 B

A_2是 B

……

A_n是 B

所以 A 是 B

前提“鸡生蛋,鸭生蛋,天鹅生蛋,燕子生蛋,老鹰生蛋”都是个别,但结论“鸟都生蛋”却是一般。所以说归纳推理是从个别到一般的推理。

演绎推理。演绎推理是从一般推出个别的推理。(严格说来,这个说法不够准确,但用起来方便,所以姑且这样说说。)演绎推理很复杂,这里主要说说三段论、“如果”推理和“或者”推理。

三段论。由三个判断、六个概念组成。由于六个概念两两重复,实际上只有三个概念。例如:

人都是有感情的。(老人是人)所以老人是有感情的。

其中概念“人”“有感情的”“老人”都是两两重复(所以说只有三个概念)。括号内“老人是人”的意思是说,表达的时候可以不说出来。这个三段论的公式写成:

M——P

S——M

∴ S——P

S 为小项,P 为大项。M 在前提中两次出现,叫作中项。它是小项 S 和大项 P 的中介,作用最大。这个公式是“三段论”的典型形式。(还有其他形式。)

“如果”推理。例如:

如果年纪大了,做事就要量力而行。[(并且)爷爷年纪大了,](所以)爷爷,可要量力而行哦!

公式为:

如果 A,那么 B,并且 A,所以 B

前面说到的“如果地冻,那么天寒。地冻,所以天寒”,就是一个“如果”推理。

“或者”推理。例如:

他是军人或者运动员,(并且)他不是军人,所以他是运动员。

公式为：

A 或者 B，并且非 A，所以 B

实际生活中的推理非常复杂，这里说到的就是最基本的逻辑知识。建议老年朋友们读点逻辑相关的内容。逻辑性可是智慧的核心哦！

拓展阅读

逻辑 由英语 Logic 音译而来，源于希腊文 λόγοδ，有思想、言辞、理性、规律等意思。亚里士多德是逻辑学的创始人，但他没有使用“逻辑”这个词。到了近代，“逻辑”一词才被用来表示以研究推理为中心的关于思维的一门科学。在现代汉语里，“逻辑”是个多义词，在不同的情境有不同的含义，通常是指“逻辑”科学，即“逻辑学”。逻辑有传统逻辑和现代逻辑之分，前者指继承亚里士多德传统的逻辑，也称为普通逻辑；后者即数理逻辑。

阅读参考：

《普通逻辑》，吴家国主编，上海人民出版社 2011 年出版。

第二节　历时的思考

一、过去　现在　将来

诗人刘大白诗云:“少年是艺术的,一件一件地创作。壮年是工程的,一座一座地建筑。老年是历史的,一页一页地翻阅。”人们称之为“人生三部曲”。

学者王鼎钧说:“上帝把幼小的我们给了父母;把青壮的我们给了国家社会;到了老年才把我们还给了我们自己。”“老年是历史的”,到了老年,我们才属于我们自己,有时间一页一页地翻阅我们的历史,规划属于我们自己的未来。

有一位知识老人写了一篇文章,题目就叫《人老了,想些什么?》,说的是自己退休以后的一些思考,摘要如下:

○“一年365个星期天”

1999年秋天,已经见到新世纪航船的桅杆,我开始了闲适的退休生活。退休的第一感受就是“一年365个星期天”,不用上班了,不再承担工作任务了,“自此光阴归己有,从前日月属官家”,我是自己的主人。

○ 想别人听我说话

有一位学者写道:“如果有人倾听你,不对你品头评足,不替你担惊受怕,也不想改变你,这多美好啊!”我教了一辈子书,典型的“好为人师”,喜欢有人倾听自己说话,就像这位学者所描述的那种心态。可是问题在于:别人真的喜欢听我说吗?自作多情吧!

○ 想想不该管而又管不了的那些事儿

我读过大爆炸理论,但还是想知道大爆炸以前怎样?以前的以前怎样?银河系以外怎样?以外的以外怎样?人类怎么样呢?人之初性本善,性本恶,还是性本私?人生的意义到底是什么呢?……

○“寂寥每每忆平生”

人老了喜欢回想过去。综观自己的一生,实为“幸运”二字。生为男孩,有了读书的机会,幸也;其貌不扬,倒也五官端正,四体健全,幸也;幼年遭受困苦,但赶上“穷人解放”的年代,涉世以来一帆风顺,幸也;勤能补拙,一生勤奋,终于事业有成,幸也;忠诚于教师职业,受到普遍的尊敬,幸也;在那“革命年代”,择偶条件重在人品,娶了一位美貌的妻子,幸也;妻子生了两个健康聪慧的儿子,幸也;有那么一个不看重学历的时期,得以顺利地晋升最高职称,幸也;得到一位名师多年指点,“书山有路”,幸也;欣逢盛世,老来过着心满意足的"小康"生活,幸也;活到耄耋之年,幸也。有如此多之"幸",所以是个幸福之人也。

○ 一辈子喜欢什么,不喜欢什么?

小时候喜欢读书,做农活缺乏像读书那样的积极性。长大了喜欢教书,不喜欢当官。曾经"被"做官,几经周折,还是回到讲台,直到终老。人老了,码字是我的最爱。退休后,喜欢简单生活,不喜欢生活复杂化。喜欢"两人双影一空间,流水光阴不计年"的简单的慢生活。

○ 忙惯了,别闲着!

我是天生的"劳碌命",退休之后"365 个星期天"变成了 365 个工作日。忙什么?忙自己喜欢的事情。忙惯了的人,就别闲着。忙,充满生命的活力,不知老近高年。忙就继续忙吧!

○ 给家人做点什么?

在职的时候,总是强调工作太忙,怀着"大公无私"或者"先公后私"的信念,很少为家人着想。如今老了,心里颇感愧疚,总想为他们做点什么。刚退休时,当了孙儿孙女们的"师傅"。后来呢?似乎孩子们并不需要我做些什么;能够健康快乐地活着,不让他们操心,大概就是他们要我做的。

○ 想象死亡

我对于自己的一生很满足，如今老了，随时迎接死亡。我常常想象死亡的情景，突然间瘫倒在沙发上体验死亡，只是不能肯定真的在死神面前能否如此从容、淡定。

这位老人的思考，天马行空，有广度也有深度。从时段上看，涉及老人一生的过去、现在和将来。前三条为现在时段，中间两条为过去时段，后三条为将来时段。逻辑公式应为：

过去 A 并且现在 B 并且将来 C

老人对于自己过去、现在和将来的思考是一种历时思考。老人们各有各的境况，各有各的思考内容，可以说有多少老人就有多少不同的思考。但是我们每个人都有自己的过去、现在和将来，因此老人们不妨对自己进行一次历时的思考，总结一生的功过得失，认清当前的状况，从而珍惜宝贵的剩余岁月，安排好属于自己的晚年生活，过好晚年。“流水不腐，户枢不蠹”，老人勤于思考并且善于思考就能够生长出智慧来，让自己生活得快乐幸福。

老人的思考更多地关涉老人退休生活。比如，离开职业岗位，不习惯终日无所事事；以前送往迎来，门庭若市，如今门可罗雀；儿孙们的事；生理退化，能力降低；疾病的痛苦、死亡的逼近;等等。(当然,还有许多与退休生活不相干的事。)对于智慧老人而言,思考就是如何摒除消极心理因素,调动积极心理因素,调整思维和生活方式,用以适应退休后的生活。(做一个晚年生活计划吧!如何?)

以适应为目标,经过有效的推理,实现主客观相一致,使得退休生活快乐、幸福。这样的老人就是智慧老人。

二、"可能为真"

逻辑书上所说的演绎推理都是指必然为真的推理,即从前提推出结论是必然为真的。其实在日常思维中,人们并非经常用得上必然为真的推理,即使像"车到山前必有路""大难不死必有后福""骄则必败"这类"必然"命题也不具有必然性,也推不出必然性的结论。由于世界上的事物及其关系具有极端的复杂性,必然性的命题和推理实际的应用价值不大。(当然,日常思维并不排除"必然",比如"人必然犯错误",它应当是必然的。)因之,有经验的人,特别是老人,他们宁愿相信"可能"而不太相信必然。老人的逻辑是"可能"的逻辑。"可能"可信,"必然"未必可信。老人并不相信"车到山前必有路"之类命题的必然性,因为"车到山前没有路"的情况也是有的。

"可能"的推理要比"必然"的推理宽松得多,也有用得多。

比如：

如果某甲是罪犯，那么他在现场。某甲在现场，所以他是罪犯。

如果某甲是罪犯，那么他在现场。某甲在现场，所以他可能是罪犯。

前一个推理在演绎推理中是个“铁定的”错误推理，但是在后一个推理中，它被“松绑”了，应当说是一个正确的推理。我们知道，它可是公安人员破案的一个重要推理形式啊！

可能为真的推理公式为：

A，所以可能 B

再如：

所有电工都会修电灯，小李会修电灯，所以小李是电工。

所有电工都会修电灯，小李会修电灯，所以小李可能是电工。

前一个推理为“三段论”第二格 AAA 式，是个错误推理，而在后一个推理中因为有“可能”二字，它是一个正确的推理。

前述“必然错误”和“可能为真”推理式的区别在于：前者为二值逻辑，后者为多值逻辑。然而事物有“度”，“可能为真”并非一定就是真的。“度”是指事物所保持的质的数量界限。事物的质是相对于量而言的，超过一定的量就会引起质变。在日常推理中，“可能为真”的“可能”也存在相应的“度”。可以粗略地表示为：

极有可能——→很有可能——→有可能——→不大可能——→没有可能

如前例：“如果某甲是罪犯，那么他在现场。某甲在现场，所以他可能是罪犯。”当我们推出这个结论时，还必须估量可能性的大小，即“可能”的度。如果可能性极大，则趋近于真；如果可能性极小，则趋近于假。有了“度”观念，就会使得我们的“可能为真”推理更接近于事实，主客观更容易相一致。

拓展阅读

模态逻辑 研究“必然”与“可能”的逻辑学科。广义的模态逻辑包括道义模态、时态逻辑等学科。研究过去、现在、将来的模态学科即时态逻辑。

第三节　老人的辩证思维

一、没有无矛盾的事物

矛盾普遍存在于自然界中，比如，数学中的正数和负数、微分和积分，力学中的作用和反作用，物理学中的阴电和阳电，化学中的化合和分解，生物学中的遗传和变异，等等。实际上事物的每一个差异都是矛盾，是事物内部包含的还没有激化的矛盾。

矛盾也普遍存在于人类社会中，比如，男和女、老和少、贫和富、聪明和愚笨，人和人之间的亲近和疏远、欺骗和受骗等等；又如，国家间的大国和小国、富强和贫弱、友善和敌对；战争中的攻守、进退、胜败；等等。

其实人生也就是矛盾，比如，生和死、穷和达、苦和乐、成功和失败、幸福和苦难等等。“工作就是斗争”，所谓“斗争”就是发现问题和解决问题，问题就是矛盾。甚至甜蜜的爱情也充满矛盾。“不是冤家不聚头”，相亲相爱的一对情侣原来却是冤家对头——一对矛盾。

自然，矛盾也存在人们的思维之中，比如，思想斗争、进退两难等。

矛盾无处不在,无时不在。这就是矛盾的普遍性。矛盾的普遍性意思是说:首先,万事万物都有矛盾。无论是复杂事物还是简单事物,也无论是客观现象还是主观思维,都包含着矛盾而没有例外。其次,就任何一个事物来说,在其存在的全部过程中,自始至终都有矛盾。旧矛盾解决了,新矛盾又产生了,永远没完没了。矛盾即是事物,矛盾即是过程,矛盾即是世界。所以社会成员之间甚至家人之间存在矛盾是不足为怪的。

矛盾普遍存在,但矛盾又总是在一定条件下转化为自己的对立面,比如,热的变冷,冷的变热,湿的变干,干的变湿;落后变先进,贫穷变富有;等等。转化的形式是多种多样的,包括双方性质的变化、地位的变化、作用的变化等。世界上没有永不转化的矛盾,但是转化必须具备一定的条件。如果我们想促进一个事物的矛盾向着有利于自己的方向转化,那就必须努力创造转化的条件,别无他法。

二、矛盾律与辩证思维

逻辑有一条至关重要的定律,叫矛盾律。意思是说,在同一思维过程中,互相否定的思想不能同时是真的。公式是:

A 不是非 A

意思是说,A和非A不可能都是真的。例如:

"张三是老人"与"张三不是老人"。

"金属能导电"与"金属不能导电"。

"所有金属都能导电"与"有的金属不能导电"。

这几组两两成对的句子都不能同时为真,其中必有一个是假的。《韩非子·难一》讲了这样一个故事:

楚人有鬻盾与矛者,誉之曰:"吾盾之坚,物莫能陷也。"又誉其矛曰:"吾矛之利,于物无不陷也。"或曰:"以子之矛陷子之盾,何如?"其人弗能应也。

楚人的两句话至少有一句话是假的,所以"弗能应也"。楚人所犯的错误就叫作"自相矛盾"。("矛盾"这个词和"自相矛盾"的成语均由此而来。)

逻辑书上所说的"矛盾"称为"逻辑矛盾",任何一个推理都不能自相矛盾。如果你的推理中出现逻辑矛盾,那就"死"定了。所以矛盾律是逻辑的一条"铁"的定律。

然而在日常生活中,人们却偏偏喜欢说一些"自相矛盾"的话。例如:

这是坏事,但也是好事。

老张有儿子,也没有儿子。

我们既要以一当十,也要以十当一。

直线等于曲线。

其实这些话细细分析起来,都是在一定条件下说的,并非自相矛盾。第一句是说坏事经过努力可以转化为好事。第二句是说,老张有儿子,但儿子不尽孝道,等于没有儿子。第三句是说,我们要在战略上以一当十,而在战术上必须以十当一。第四句是说,我们看到的海平面是水平直线,可是地球是圆的,海平线是曲线。

辩证思维的一般公式为:

C(A 并且非 A)

大写 C 表示条件,公式表示辩证矛盾。在这里条件是非常重要的,离开特定的条件,“并且”式不成立。例如:

要是不值得爱,我不会和他结婚;要是值得爱,我不会和他离婚。他不是坏人,也不是不坏的人。

多么自相矛盾啊!这在逻辑上不违反矛盾律才怪呢!可是读

者们并不认为它违反了矛盾律。因为说话人紧接着作了解释:

> 我是被他的琴声吸引来的,他的琴声很美;赶走我的也是琴声,因为他想使他的琴声更美,而不是使妻子更美。

矛盾吗?不矛盾啊!原来她那些自相矛盾的话是在不同条件下说的,又有什么违反矛盾律的地方呢?

原来辩证思维是从事物的相互联系、内在矛盾和发展变化中认识事物的,是“自然界到处盛行的对立中的运动的反映”。辩证思维最根本的特点是将对象作为一个整体,从其内在的矛盾运动和变化中进行考察,以便从整体上、本质上,系统而完整地认识对象。能否在思维中反映出对象的矛盾运动,反映出对象的多样性统一,是区分辩证思维和非辩证思维的显著标志。

辩证矛盾不同于逻辑矛盾。辩证矛盾是事物本身固有的属性,而逻辑矛盾是逻辑错误。

在日常生活中,老人对于辩证思维的感悟,比起年轻人具有明显的优势。如“爱情”,老人的理解远不只是“两个人相爱”那么简单,而是包含着“风风雨雨”“相濡以沫”“同林鸟”“老伴”等丰富的多样性的内容。比如,对于“人”的理解,也不只是“能制造和使用工具的动物”。人不仅具有各种自然属性,更重要的是具有社会属性,包括社会担当、家庭责任、创造性、品格、文化，以及作为大写“人”字的人格、骨气和力量等，亦即“多样性的统一”。如果仅从经验上说，老年人对于辩证思维的感悟，大体上就是黑格尔所说的“老年人智慧中所具有的意义”。

三、“次协调”思维

（次协调逻辑是一门形式化的逻辑学科。这里撇开形式化，只就它在日常生活中的应用说些话。）

什么是“次协调”？协调什么？为什么曰“次”？

协调什么？协调矛盾。由于矛盾具有普遍性，无处不在，无时不在，矛盾是事物的本性，在实践中要协调所有矛盾是不可能的，所以退而求其“次”，故曰“次协调”。

从“亚里士多德逻辑”到现代数理逻辑，矛盾律都是普遍有效的最高准则，绝对不可动摇。可是当代一些逻辑学家研究发现矛盾律并非普遍有效。在社会生活和科学推理中，事实上大量存在形形色色的“有意义的矛盾”，而这却是逻辑学所不能忽视的。

英国哲学家摩尔曾经说过：“想象一个半人半马肯定与想象虚无不是一回事。还有，想象一个半人半马明显与想象一个鹰头狮身带翅膀的怪物也不是一回事。而且如果这两者都是虚无——都是纯粹的非存在物，那么在想象这一个与想象那一个之间看来就毫无区别了。由此看来，一个半人半马就不是虚无；它是我确实在想象的某种东西。而如果它是某种东西，那么这与我们说存在着这个东西，或说它有存在这种属性，难道有什么区别吗?”摩尔所说的这种“不存在的存在物”不是很矛盾的吗？而这种矛盾又不是很有意义的吗？逻辑对于这种“有意义的矛盾”能够因为矛盾律的存在就不管不问了吗？次协调逻辑就是想管一管、问一问，管管问问这些“有意义的矛盾”。

经典逻辑拒绝任何矛盾，如果系统里出现矛盾，那么这个系统就不能成立。可是在次协调逻辑看来，如果从句法角度把有意义的矛盾同无意义的矛盾区别开来，那么有意义的矛盾可以在系统内合法存在，并且不会扩散。而无意义矛盾则会扩散，会使系统内任何论题都能成立。这种无意义矛盾当然是不能允许的。

（据此，对于次协调逻辑的研究应当是必要而且可能的。研究次协调逻辑最有成就的是巴西逻辑学家达科斯塔。参考阅读桂起权等：《次协调逻辑与人工智能》，武汉大学出版社2002 年出版。)

次协调思维在日常思维中具有极为重要的意义。

中国人不是强调“和为贵”吗？不是主张建设和谐协调的社会秩序和国际环境吗？可是矛盾无处不在、无时不在，能够以和为贵、协调一致吗？当然办法是有的，那就是“在矛盾中求协调”，也就是寻求“次协调”。

（虽然次协调逻辑并不是直接地为建设和谐社会服务的，但它的确为建设和谐社会提供了“在矛盾中求协调”的原则和方法，而且，次协调逻辑也确有它的现实原型，它是现实矛盾的抽象。）

在矛盾中求协调，一般地表现为协商或调和的逻辑。1948年，雅斯可夫斯基（Jaskowski）提出一种“discussive logic”，意即“商讨逻辑”或“会谈逻辑”。比如说开一个国际会议，参加会议的人意见分歧很大，很难取得一致的意见，说明完全的协调是不可能的，那么怎么办呢？老练的外交家们善于在商讨中“求同存异”，在共同点上化解矛盾。所谓“双赢”，就是双方的观点或利益在矛盾中得到协调。例如：

1972年美国总统尼克松访华，在上海进行中美会谈。中方坚持中国大陆的政府是代表中国的唯一合法政府，台湾是中国领土不可分割的一部分。而美国政府当时还不能够接受中方的观点，这种原则分歧的确难坏了两国的外交家们。后来“协调大师”周恩来和机灵的外交家基辛格终于找到了大家只要退让一步就都可以接受的协调点（次协调点）。这就是后来写进《中美联合公报》里的那句话：

“海峡两岸的中国人都认为只有一个中国，美国政府对此不持异议。”

这里包含着最明显的次协调精神——在矛盾中求协调。《上海公报》结束了中美之间22年来的敌对关系，使得中美两个大国自此迈上了友好协作的新里程。

“世事洞明皆学问，人情练达即文章。”相对于年轻人来说，老人们更具有世事洞明和人情练达的长处，因而更善于在矛盾中求协调，促进社会和谐。

江苏无锡市东港镇张缪舍村是一个拥有6个自然村、2 500多位村民的村庄，依靠一支由老人组成的“老娘舅调解队”，做到了10年来矛盾纠纷不出村。这些“老娘舅”都是退休的村干部，拥有丰富的群众工作经验和广泛的人脉关系，在平息村民各种矛盾纠纷中能够做到“十拿九稳”，把矛盾消除于萌芽状态。2011年3月，当地两户村民因铺浇房屋门前场地发生矛盾，一村民感到自家场地低于另一家场地“吃了亏”，扬言要把对方的房屋“铲平”。“老娘舅”之一的杨生才获悉后，连夜赶到这两户村民家中调解，要求铺浇高场地的村民按照村规民约，为早就铺浇好低场地的村民做出补偿，并让低场地的村民铺浇高场地,有效地避免了一起恶性事件的发生。

据了解,10年间张缪舍村的“老娘舅调解队”累计调解矛盾纠纷230多件(次),调解成功率达99%以上。又如:

> 上海百岁老人张秀清被邻里誉为调解邻里纠纷“最年长的志愿者”。她说:“我只是喜欢‘管闲事’。因为在这个地方生活几十年了,小区里嘛,顶好就是不吵不闹,大家和和气气。”她调解邻里纠纷的原则和方法就是“一碗水端平”。

“一碗水端平”实际上也就是按照次协调原理,在矛盾中求协调。张秀清老人说的话大家愿意听,因为她不仅是说话而已。家长里短,处理婆媳间、夫妻间的家务事她有十足的话语权。与她同住的二儿媳进门40多年,没有和张秀清拌过一次嘴,二儿子说她们“倒像是母女”。要知道“榜样的力量是无穷的”啊!

在矛盾中求协调,是次协调思维的基本特征,几乎适用于一切领域,而不是仅限于谈判或者调解。“工作就是斗争”,斗争的目的并不是扩大或激化矛盾,而是在斗争中寻求新的平衡,对立面经过斗争实现统一,也就是在矛盾中求得协调。在矛盾中求协调就是智慧,即皮亚杰所说的生物的“适应性表现”。

拓展阅读

辩证逻辑 研究辩证思维的逻辑学科。基本特征是把对象看作一个整体,从内在的矛盾运动及其各方面的相互联系中考察对象,以便达到具体真理。辩证思维的思想古已有之。中国古代《老子》中的"正言若反"就包含对立概念相辅相成的思想。到近现代,黑格尔建立了第一个辩证逻辑体系。恩格斯最早使用"辩证逻辑"这一术语,是唯物主义辩证逻辑的奠基人。

第四节 老人的思维陷阱

一、"老经验"的误区

我们说,老人由于历经岁月的磨炼而拥有许多智慧和经验。经验是宝贵的,老经验尤为宝贵。有一位老司机写了一篇最经典的驾驶经验总结,他说:

每次出行前都得反复告诫自己:

1. 我承载的是一家人的幸福,家人需要我安全回家。

2. 我可以幸运一次,但不能幸运一辈子。我的生命只有一次。

3. 严格按照交通法规行驶。高超车技的最高境界是按法规驾驶。

他总结了高速行车经验40条,他说“任何一条足以救命”。

老人的经验很可贵,可是随着时代的变迁,有些老人却用“老经验”去处理新情况下的一些事情,这就难免失之谬误,于是“老经验”成了老人思维的一个误区。

例如老人(特别是老婆婆)一般都有育儿的经验,可是在育儿科学高度发展的今天,有些老人还用“老经验”去指导年轻的母亲育儿,有时候难免好心办了坏事。下面说几件老经验“育儿经”失误的例子:

1. 垫枕头。习惯认为睡觉要枕枕头,“老经验”主张给婴儿垫个小枕头。其实,婴儿的背部是直的,平躺时背部和后脑勺在同一平面上,不需要枕头。

2. 绑腿。“老经验”说绑腿可以预防“罗圈腿”,还能让宝宝长得又高又挺拔。事实上,绑腿并不能预防“罗圈腿”,还会影响婴儿四肢的血液循环,容易造成外伤。

3. 剃胎毛。“老经验”认为,剃胎毛可以让宝宝长出一头又多又黑的美发。实际上科学无此道理。婴儿皮肤娇嫩,皮下血管丰富,剃胎毛容易造成意外伤害。

4. 捏鼻子。“老经验”看到宝宝的鼻梁低,常用手去捏宝宝的鼻子,希望宝宝鼻子变高变挺。其实婴儿鼻梁低是由于鼻梁软而易弯,长大后会变化的。捏鼻梁容易使鼻梁受到损伤,甚至引发感染,是要不得的。

如此等等,都是“老经验”造成的误区。

所谓“久病成良医”,老人一般都有应对自身疾病的经验。这些经验当然是可贵的,但如果过分自信,拒绝医生治疗,那就成为“老经验”的误区了。

请看下面的例子:

崔大伯,78 岁,平时注意保养保健,且对自己的经验十分自信。大伯患有慢性支气管炎,发病时服些药也就没事了。有次不慎着了凉,大伯以为是旧病复发,凭老经验服用了一些药物,但不见效果,不得不去求医。而他不相信医生的诊断,认为医生夸大病情,于是拒绝治疗。可是大伯的病情在不断地加重,出现了心衰现象,这才同意配合治疗。经治疗后,大伯的病情稳定了下来。

这次大伯的“老经验”差点儿误了自己的生命。

如今的世界科学高速发展，日新月异，信奉“老经验”者切莫自以为是，把自己狭隘的老经验当作“金针”（秘诀）传授他人，以致误人误事。

二、真理与谬误之间

列宁说：“真理只要向前一步，哪怕是一小步，就会成为谬误。”经验可贵，但向前一步，也会成为谬误。

这是为什么呢？请看《吕氏春秋·察今》中的一篇寓言《刻舟求剑》故事。

> 楚人有涉江者，其剑自舟中坠于水，遽契（刻）其舟曰：“是吾剑之所从坠。”舟止，从其所契者入水求之。舟已行矣，而剑不行，求剑若此，不亦惑乎？

楚人拥有从丢失物品的地方寻找失物的经验，但他向前了一步，把这个经验应用到行进的船上，于是成了笑话。

“老经验”是一种习惯化推理。婴幼儿降生以后就开始了习惯化的过程，到了老年，自然积累了太多的好经验，形成“老经验”。习惯化推理就是从与经验相似的前提推出相同的结论，这是一种类比推理。这样的推理只是可能为真，而不是必然为真。所以，在推理时，务必慎重考察前提的复杂情况，谨慎使用“老经验”推理。

从心理学的意义上说，“老经验”是一种思维定式。所谓“思维定式”是一种按照常规处理问题的思维方式，在日常生活中可以缩短思考时间，提高效率。从大脑皮层活动情况看，定式的影响是一种习惯性的神经联系，即前次的思维活动对后次的思维活动有指引性的影响。当两次思维活动属于同类性质时，前次思维活动会对后次思维活动起正确的引导作用；但如果不同质或前提含有重要新信息时，思维定式也往往起负面作用。因此，“老经验”推理也要警惕思维定式的负面影响。

真理与谬误之间只有“一小步”的差别，运用“老经验”不可不慎。所谓“差以毫厘，谬之千里”是也。

拓展阅读

谬误论 讨论逻辑错误的理论。逻辑错误是指违反逻辑规律或规则所产生的错误，比如，混淆概念、偷换论题、自相矛盾、四概念错误，以及违反推理规则的一些错误。逻辑错误的产生可能是无意的、不自觉的，也可能是有意的、自觉的。如果是后者就是诡辩。

第三章　老有所学

活到老,学到老。

——民谚

第一节　学习的境界

一、学无止境

生理学研究表明,人的大脑细胞有 140 多亿个,60 岁时只消耗了 10%左右,其余尚待开发。老年人的智力只是在 70—80 岁以后才略有减退。拥有大量闲暇时间的老年人学习上是自由的,是人生一种长时期的精神满足。假定从 60 岁退休读博士,差不多可以读出十个博士学位来。(十个“博士”呀,多大的学问啊!)

人间万象,还真能说出一些令人感动不已的老有所学的故事。

济南的年过90的老人周琪，她在老年大学已经上了25年的学。她说："我小时候一共上过三年学，一直渴望有机会好好上学。"退休了，机会来了，25年，她在老年大学里，先后学过诗词、书法、绘画、英语、烹饪等很多专业，毕业证就攒了一箱子，至今她还没有离校的打算。当一位学者走访这位老人时，她给学者的第一印象是：很难把她的时尚、自信的气质与90岁高龄画上等号。

成都市银行工作人员赵明渊，退休后考上硕士研究生，毕业后仍跟随同一位导师继续深造，又在72岁的时候获得博士学位。他比导师的年龄还大一岁哩！

在老人周琪和赵明渊的心里，学有止境吗？没有啊！

学无止境，因为学海无涯。

庄子说："吾生也有涯，而知也无涯。以有涯随无涯，殆已。"(《庄子 · 养生主》)意思是说，我们的生命是有限的，而知识是无限的，以有限的生命去追求无限的知识，那是很困难的。在这里，庄子明确地认为"学海无涯"。《古今贤文 · 劝学篇》载韩愈诗"书山有路勤为径，学海无涯苦作舟"则更为明确地说到了“学海无涯”。

可是也有人认为学海有涯，学有止境。“活到老，学到老”是广泛流传于中国民间的一句箴言，告诉我们应当老有所学，学无止境。可是民间还流传这样的说法：“活到老，学到老，还有三桩未学到。”这两句话挺有意思：一方面是说老有所学，另一方面是说，如果把这三桩也学到了，那就学完了。学有止境。苏东坡少年时作过一副对联：

识遍天下字；
读尽人间书。

在父亲苏洵的启示下，修改为：

发愤识遍天下字；
立志读尽人间书。

修改后的对联在学习态度上有所改进，但还是认为学海有涯，学有止境，可以“识遍”“读尽”。

在古时候，学海有涯还是无涯，学有止境还是学无止境，我们可以不去讨论它，只是在今天，的的确确学海无涯，学无止境。人类进入 20 世纪以后，海量的知识突然像决堤一般向人们袭来,成为工业时代之后最宏伟的人文景观。据统计,最近20年来,人类生产的信息总量超过人类产生以来100万年生产信息的总量。20年相对100万年。这样大的信息量,我们一辈子学得了吗?学海无涯,学无止境啊!

那么怎么办呢?活到老,学到老。就像萧楚女所说的那样:“人永远是要学习的。死的时候,才是毕业的时候。”

二、通达人生更高的境界

老有所学的收获,简单地说,就是提高晚年的人生境界,智慧地安度晚年。老有所学通达的人生境界,即从“自我”到“大我”直到“无我”。“自我”为经验层次,“大我”为体验层次,“无我”为证验层次。(“三层次”说是一位佛学大师说的。)

1.“自我”

在新的历史时代里,一些老人除坚持读书、看报等传统学习方式以外,很多人走进了老年大学,系统地学习自己喜爱的各种知识,用来提高退休生活的品位。如今的信息时代,也有人称为计算机或电脑时代。一些老人以为使用电脑是年轻人的专利,但也确有很多老人掌握了电脑技术,神游于电脑世界,其乐融融,兴味盎然。例如:

王锦屏老人退休后在一所老年大学学电脑,因为不会汉语拼音,开始时困难多多。后来学会了打字、上网,而且自学了一些电脑软件并进行创作。她把自己制作的幻灯片在课堂上展示,也常把制作方法以及一些操作小技巧分享给其他老人。她还说,一次姐姐在她家吃饭,夸她做的鱼好吃,她说也是从网上学来的。

老人学会了电脑,使得晚年生活更加充实、快乐,但更使老人兴奋的则是老人跟上了时代潮流,具有与社会发展同步的幸福感。"不落时代后,年老才可宝。"一位老专家如是说。

"自我"就是享受生活,老人智慧地安排好自己的晚年生活。这是"老有所学"境界的初阶。在这里,"自我"不是佛家所说的自身圆满的"小我",不是贬义词,"自我"是说,老有所学提高了老人的积极心理素质,高质量地活在当下。

2. "大我"

如果说"自我"是享受生活,那么"大我"就是奉献社会,为社会的发展贡献余热。"大我"是老有所学的进阶。例如:

画家王振德平生有两大爱好:读书和创作。他的画室名为"积学轩"。对于"积学"二字,他解释说:"积学懂得大道。而且不断学习新的知识，就会感到无限的满足，得到更多的陶冶。如果能够将所学用于社会，自我也就得到了升华。”

“积学能成大道”，老先生通过学习焕发青春，实现精神境界的飞跃，这就是“大我”。“大我”最重要的特征就是自觉地服务社会。画家的创作就是服务社会，王振德老先生能够将所学用于社会，就是“大我”行为。用他自己的话说：“自我得到了升华。”

当然，“大我”并非大学问家的专利。例如：

石家庄有一个“妈妈美发团”，所在社区里凡是上了年纪、行动不便的居民都由她们上门义务理发。“只要大家想理发，打声招呼，我们就去。”队长张秀荣笑着对记者说。有的居民搬了家，她们还到他们的新家去理发。

她们是一些平凡的老人，做的也好像是平凡的事情。可是在人们的心里，她们就是无私地服务社会，奉献社会，就是“大我”。

3.“无我”

“无我”是对“我”的超越，是人生的最高境界。也就是佛家所说的“觉悟”，大彻大悟，彻底体悟到最高的真理，表现为最高的智慧。

说到“无我”，让我想起了方志敏烈士。红军开始长征时，方志敏担任红军北上抗日先遣队总司令，在行军路上被叛徒出卖，落入敌人手中，坐了一段时间的大牢，从容就义。在牢狱中，他写了感人至深的《可爱的中国》一文，盛赞我们的祖国母亲是“是一个天资玉质的美人，她的身体的每一部分，都有令人爱慕之美”。他说：“我们的母亲太可怜了，一个天生的丽人，现在却变成叫花的婆子！”方志敏对祖国的灾难感到无比痛苦。说到未来，他说：“我相信，到那时，到处都是活跃跃的创造，到处都是日新月异的进步，欢歌将代替了悲叹，笑脸将代替了哭脸，富裕将代替了贫穷，康健将代替了疾病，智慧将代替了愚昧，友爱将代替了仇杀，生之快乐将代替了死之忧伤，明媚的花园，将代替了凄凉的荒地！这时，我们民族就可以无愧色地立在人类的面前，而生育我们的母亲，也会最美丽地装饰起来，与世界上各位母亲平等地携手了。”啊，方志敏所预言的不就是我们国家——母亲的今天吗！方志敏的精神境界不就是“大彻大悟，彻底体会到最高的真理，表现为最高的智慧”的“无我”吗？

方志敏是伟大的革命家，他的“无我”精神我们是容易理解的。那么平凡的人们呢？平凡的人们中间也不乏有“无我”

精神的人。请看平凡老人陈德焱的故事：

丰城滕坊村一个小男孩，在一口深水塘边玩耍，不小心落水，在水塘边洗衣服的妇女们惊慌地大声呼救。年过八旬的陈德焱老人从远处飞快跑来，跳下水塘救起孩子。孩子脸色铁青，生命垂危，老人又及时施救。待孩子醒来，老人悄然离去。当孩子父母打听到孩子的救命恩人时，他们提着礼品登门道谢，老人婉言谢绝，只简单地说了声“救人是本分”。老人还曾经救过农民夏邦福和战士梁烈水的命。

邻村一女学生在城里上中学，搭乘一辆摩托赶往班车乘车点，途中不慎丢落了背包。恰巧陈德焱老人路过这里，他捡起背包，发现背包中有学生证和1 000元现金，他想到开学时学生要交学费，于是紧跑了一公里，赶到乘车点，那女学生正急得哇哇直哭。老人归还了背包，勉励她好好读书。老人数次拾金不昧，他说：“辛苦钱万万年，昧心钱一分不能要。”

陈德焱老人未必读过很多的书，但他读懂了所读的书，包括无字的社会之书。他不顾自己耄耋之年的身体，勇救落水儿童，紧跑一公里归还女学生的背包。陈德焱老人言语简单质朴，但都体现了至深至切的真理。他的言行超越了个人的名利生死，心地纯洁、高尚，其境界非“无我”而何？

拓展阅读

佛家“三境界”说

佛家“三境界”：小我、大我、无我。“小我”，自我圆满之我；“大我”，利他利己之我；“无我”，舍己利他之我。“无我”之“我”才是这个整体的真我，而不是个性的、自我之我，是与整体本性合一的我，因宇宙本性是不生不灭的，故“无我”即是永恒之“我”。

第二节　读　书

一、老有所学的首选

高尔基说：“书籍是人类进步的阶梯。”雨果说：“书籍是造就灵魂的工具。”前者就人类进步而言，后者则是从人生的意义上说的。老人退休之前，为了生计或是为了事业，东奔西跑，南征北战,少有坐下来静静读书的时间。现在好了,“一年365个星期天”,读自己喜欢读的书,虽然不是“老有所学”的唯一选择,但确系首选。例如:

杭州田传箴老人,少年时参加革命,在部队中自学成才,退伍后在一所高校任教。退休以后,更把读书作为一种追求,一种健康生活的方式。在4年多的时间里他已经读了1 000多本书,而且每读一本都写有读书笔记。老人读书数量之多,用心之甚,朋友们无不感到惊讶、敬佩。

杭州韦思浩老人毕业于杭州大学,中学一级教师。退休后他把全部积蓄捐给了贫困学生,自己靠拾荒为生。老人每周都要到杭州图书馆三四次。每次看书前先洗手,这一细节感动过许多人。一个雨天,老人不幸遭遇车祸身亡。为纪念这位“精神世界的拾荒者”,杭州图书馆在大厅的中央为老人树立了一尊雕像。

书本是我们不见面的老师,似乎比我们的授业老师还更易于接近,更没有脾气,没有架子,而且24小时全天候服务,没有怨言。杨绛老人曾经风趣地说:“读书好比‘隐身’的串门儿,要参见钦佩的老师,或者拜谒有名的学者,不必事前打招呼求见,也不怕搅扰主人。翻开书面就闯进大门,翻过几页就登堂入室;而且可以经常去,时刻去。如果不得要领,还可以不辞而别,或者另寻高明,和它对质。”这样的老师,你到哪里找去?

书本不仅是我们的良师,而且是我们的益友。它们毫无保留地告诉你所需要的知识,绝对“全心全意”,一辈子不离不弃,帮助你走完人生之旅。鲁迅先生说:“人生得一知己足矣。”而书本作为我们的“知己”可以有许许多多,这可是三生有幸哦!

好读书,读好书,会使我们老而不衰,青春之心永驻。

“孔子圣人,其学必始于观书。”苏东坡这样说,“昔之君子,见书之难,而今之学者,有书而不读为可惜也。”“有书不读”的确是一件令人遗憾甚或是可悲的事情。敢问今天有书可读的人们,你们一年读了(读懂了)多少本书呢?老人有书更有自己的时间,书不可以不读啊!

二、老人读书的方法

1. 读自己喜欢的书

每当我们走进图书馆或者书店,总为那浩瀚如海的图书感叹不已,这也想读,那也想读。然而“吾生也有涯,而知也无涯”,无书不读,压根儿就做不到。老人们退休前没有大把时间读书,退休后虽然时间充裕,但同样读不完天下书。所以老人读书也要有所选择,读自己喜欢的书,充分享受“时间属于自己”这个权利。

老人读书不必有什么精神压力,不必像是要完成重大使命似的那么严肃认真,不妨轻松一些。老人读书只求从书本中获得自己感兴趣的知识,达到愉悦身心的目的就行了。老人读书的选择应以轻松读物为主,如小说、故事、画报、科学常识、名人传记等等。有养花、养鸟、钓鱼、摄影等爱好的老人,不妨读读相关的书籍。爱下棋的老人读读棋谱。有条件的还可以读些文言文、古典诗词和哲学、历史等方面的书籍,读一点医药卫生常识和健康保健的书,人老了,健康最重要。读报纸,看微信,足不出户就能知道天下大事。

老人读书,有利于老人们扩大视野、陶冶情操,延续生命智慧。(人生就像一朵鲜花,你不殷勤浇灌,它就会过早地凋谢。)读书可以让你摆脱不良情绪的困扰,保持积极的心理状态,还可以防止老年痴呆症过早来临。读书的妙处多多,拥有时间的老人们何乐而不为也。

2. 不要怕记不住

老人读书最怕记不住。老人们常说,喜欢读书,就是记不住。也有的老人说,反正记不住,读了等于没读。算了! 其实,老人记忆力衰退,这是无可辩驳的事实,读书记不住是老人读书的常态。但是读书记不住并不妨碍我们读书,并非“读了等于不读”。清代诗人袁枚有一首诗云:

少年爱读书,硁硁守章句。
衰年爱读书,消遣领其趣。
虽然读辄忘,过眼皆吾有。
书味在胸中,甘于饮陈酒。

这首诗说到了年轻时读书与年老时读书的区别。年轻时读书,只是死守着章句的意思;年老时读书,着重领略书中的旨趣,而不在意一词一句。老人的读书效果应当远远超过年轻人,因为他把自己数十年的人生经验都融进了对书的意义的理解之中了。诗的后半部分,更是针对老人读书记不住的问题,说明读书记不住并不重要。“虽然读辄忘,过眼皆吾有”,读过了就为我所拥有。为什么呢? 因为我领略了书中的旨趣。这可比喝陈年老酒还要香甜哩!

老人读书记不住,有补偿的方法吗? 有的,这就是重复阅读。一位哲人说:“重复是学习之母。”重复阅读,可以加强记忆,加深理解。《论语》开篇第一句“学而时习之,不亦乐乎?”

说的也是这个意思。

苏东坡说:“旧书不厌百回读,熟读深思子自知。”百回读,越读越玩味越有意思。百读不厌,对书中的学问自然会透彻明白,“读书百遍,其义自见”。“百回读”自然会提高老人的领悟和理解能力,并且有助老人记忆下来。

3. 想想 记记 背背

好文章好比美味佳肴,食用时得回味、反刍,不要食而不知其味,浪费大好资源。老人读书,有时间想想、记记、背背,尽可能多汲取它的营养。

明代陈献章说:“学贵有疑。小疑则小进,大疑则大进。”读书应有主见,在读懂的基础上“想一想”,问一问“为什么”,慢慢地形成自己的见解,而不是人云亦云,“本本主义”。年轻人读书应当如此,老人读书,由于具有阅世的丰富经验,更容易做到这一点。

孟子说:“尽信《书》,则不如无《书》。”(孟子说这句话的时候,大概也已经是一位老人了。)孟子所说的《书》,是指古籍《尚书》,孟子读《尚书》时对书中的一段记载有疑问,所以这样说。后人把孟子“尽信《书》,则不如无《书》”这句话引申为成语“尽信书不如无书”,即不要迷信书本,包括经典。

老人读书需要“想一想”,有时候还需要“记一记”“背一背”。老人记忆力不好,“记一记”可以加深印象,巩固读书的收益。“背一背”不仅可以巩固读书收益,还能够延缓记忆力的衰退。例如:

洛阳退休高级教师方守度,退休后不仅勤读不辍,而且背诵了许多经典名篇。在一次报告会上,方老师展示了自己的绝活儿:古诗文随便挑,开口便背。他能够背诵《唐诗三百首》《论语》《孙子兵法》《易经》《道德经》《金刚经》等多部经典,还能够用流利的英语背诵《孙子兵法》的部分内容。方老师的绝活儿,令在场的听众惊讶不已,也敬佩不已。

方老师虽然年逾古稀,记忆力衰退,但精诚所至,金石为开。报告会上,方老师告诉大家,他对目前自己的生活状态感到满意。他说:“读书可以增加智慧,到了我这个年纪,我还能体会到它修身养性的作用。”

三、心得,读书的推理

老人的“有所学”不同于年轻人一般的学习。一位老人说到他重读《孟子》的一点体会:童年读到“孟子曰:‘子路,人告知以有过,则喜。’”(成语“闻过则喜”的出处)一直弄不明白:

为什么挨了别人批评还会高兴？好多年过去，现在明白了：有人帮助你认识到自己的缺点错误，当然应该高兴，还应该感谢人家哩！

学习中的思考就是推理，所谓“学习心得”就是读书推理中的结论。年轻人读书也有心得，但总是没有在“饱经风霜的老年人智慧中”所具有的那种深刻的理解和感悟。

例如，李白《与史郎中钦听黄鹤楼上吹笛》一诗，一般人在儿童时就会背诵，但不大懂得是什么意思。到了青壮年，可能还记得诗中的词句，欣赏它的美感，但也未必理解诗句以外的含义。到了老年，重读这首诗，会有许多心得体会，而这些心得体会就是一系列的推理。诗的原文是：

一为迁客去长沙，西望长安不见家。
黄鹤楼中吹玉笛，江城五月落梅花。

这首诗从字面看至少有两个不解之处：一是“江城五月落梅花”，五月有梅花吗？二是“一为迁客去长沙”。李白因永王璘案被流放（迁客）夜郎，怎么说“去长沙”呢？还有第三问题：“西望长安不见家”，是李白“恋家”吗？对这几个问题的理解过程就是推理的过程，答案就是结论。

这三个问题，第一个问题的解答是：五月是没有梅花的，因为笛曲名“梅花落”,为了押韵说成“落梅花”。第二个问题的解答是:因为汉代贾谊曾被贬到长沙,李白用贾谊的不幸比喻自身的不幸。第三个问题,根据客观语境(相关资料),李白是对国家和朝廷的眷恋。(长安是国家和朝廷的象征。)这三个推理的公式可以写成:

A,因为 A′　B,因为 B′　C,因为 C′

就全诗而言,它表现了作者的身世飘零之感和眷恋朝廷之情。这也是一个推理,即从诗的字面意义推出它的思想意义。公式为:

A,所以 B

也就是人们常说的主题思想。

又如范仲淹的《岳阳楼记》,末尾有两句话:

先天下之忧而忧,后天下之乐而乐。

这两句话是什么意思?意思是:如果天下有忧则先忧,如果天下有乐则后乐。最通俗的说法就是“吃苦在前,享受在后”。这是两个并列的“如果”判断。公式可以写成:

(如果 A 则 A′)并且(如果 B 则 B′)

这两句话的含义就是把国家、民族的利益摆在首位,为祖国的前途、命运担忧发愁，为天底下的人民幸福倾心竭力，表现出作者远大的政治抱负和伟大的胸襟胆魄。这是从字面推导出来的含义，亦即这首诗的主题思想。公式即：A，所以 B。

古人的“先天下之忧而忧，后天下之乐而乐”的思想与共产党人的“吃苦在前，享乐在后”的思想，何其相似乃尔！

老人读书，虽然不能像杭州田传箴老人那样，读千卷书，写千篇笔记，但是为了加深理解和巩固记忆，写点读书心得还是必要的。可是有一点值得注意，在理解过程中的推理要注意合乎逻辑哦！

拓展阅读

读书与智慧

书犹药也，善读可以治愚。——刘向

书籍是培植智慧的工具。——夸美纽斯

理想的书籍是智慧的钥匙。——列夫·托尔斯泰

书籍是人积累智慧的长明灯。——寇第斯

腹有诗书气自华，读书万卷始通神。——苏轼

读万卷书，行万里路。——刘彝

少年读书，如隙中窥月；中年读书，如庭中望月；老年读书，如台上玩月。——张潮

第三节　老有所学的广阔天地

一、上学

老人的学习方式很多。“海阔凭鱼跃，天高任鸟飞。”老人可以根据自己的需要选择自己喜欢的学习方式。上老年大学就是许多老年人的选择。

当前我国已进入人口老龄化快速发展期，为适应老年人的学习需要，各省市乃至村镇纷纷办起了老年大学（或老年学校）。老年大学课程一般包括文史、书画、摄影、文艺、生活保健、信息技术几大系列。对于具体课程安排，不同地区各不相同，一般不下数十门，且能与时俱进，如开设计算机、外语、钢琴、国际舞蹈等新课程。一些老年大学，根据学员水平，实行分层次教学。比如某老年大学的越剧专业课，初级班唱越剧名曲，中级班兼学部分舞台表演程式，高级班重点学习舞台表演。

老年大学开办以来，深受老年人的广泛欢迎，往往“一座难求”。社会心理学家分析认为，其原因有四：一是我国步入老龄化社会，老年人总数多；二是老年人身体素质增强，渴望充实自己的退休生活；三是现在老年人家庭独生子女多，老人们无须管理大家庭,有了更多的学习时间;四是老年大学课程设置切合老年人的需要。有人在老年大学一学就是二三十年(如前述济南老人周琪),虽然毕业证书一箱子,但还是一个“永不毕业的老学生”。

上老年大学的老人们,除充实了晚年生活以外,不少老人还学有所成。比如,文艺班的汇报演出、书法、绘画、摄影班的汇报展出,都展示了老人们的学习成绩。有的老人还出版了个人作品专集。有一位退休老人,原来只上过小学,通过“老大”文学班的学习,出版了两部长篇小说,成为当地作家协会的会员。

老人上学,除老年大学以外,还有老年电视大学、老年网络大学。老年电视大学,主要通过电视为老年人提供教育服务。老年网络大学以现代信息技术为支撑,开展远程开放教育,为老人提供了更多的学习机会。有了电视网络大学,老年人上学可以足不出户。例如:

> 嘉兴胜丰村张金泉老人,参加老年电大学习,迷上了农民画,如今已经闻名全国。他成立了“张金泉画室”,还参加了“关心下一代”讲师团,教娃娃们画农民画,每天生活得很充实。

这就是一例。

老人还可以上普通大学。例如：

浙江平湖市72岁顾幼庐老人，年轻时爱好美术，却因为家庭生计艰难，搁置了自己的梦想。老人曾许下一个愿：给村里每个人画一幅肖像。可是画着画着，觉得技法遇到瓶颈，于是想投考中国美院。然而美院不收年老的学生，但凭借精湛的绘画功底和对美术的炽热感情，美院终于破格录取了这位“老学生”。

前述赵明渊老人也是在四川电子科技大学读完硕士和博士学位的。

二、自学

韩愈《师说》云：“古之学者必有师。师者，所以传道、授业、解惑也。人非生而知之者，孰能无惑？惑而不从师，其为惑也终不解矣。”自学似乎是无师自通，其实自学也有老师。自学的老师有四位：自己、周边的人、书本、网络。当代自学成功的人，都没有离开过这四位老师。

第一位老师是自己。自己怎么会是自己的老师呢？其实老师“解惑”不就是学生提出问题，老师解决问题吗？如果自己提出问题自己解决问题,那不就是自己是自己的老师吗?自己如何解决自己提出的问题呢?这就是思考或曰推理啊!有一位企业家,公司面临破产,他在办公室把自己关了五天。当他走出办公室的时候已经有了主意,不久东山再起。这位企业家在办公室里想了些什么,我们不得而知,但肯定是在思考,在推理,在解决自己给自己提出的问题。又如:

> 重庆大渡口区新山村街道102岁老人戴立朝痴爱英语,从未间断。清晨,他在小区的花园里和自己说英语,自问自答。出门时,他给自己翻译周边的事物,自己翻译自己听。前段时间,老人喜欢看时事新闻,就把一些重要政治术语,通过自己的理解翻译为英语。他翻译了24字的"社会主义核心价值",还一字不差地把翻译的英语背了出来。他儿子说,老人的痴爱,就是他长寿的秘密。

有一位老人,年轻时走到哪里,总是拿着一本书。("手不释卷是也。")可是现在他不拿书了,他说他的大脑就是书。何必拿书?也就是说,有空闲时,他可以在大脑里思考,用已有知识回答自己的问题。

第二位老师是周边的人。周边的人能是自己的老师,能给自己传道、授业、解惑吗?授业不敢说,但传道和解惑一定是可以的。比如,参观展览馆,讲解员的讲解就是“传道”,在这个专业方面,他的学问大着呢!当你向他提出问题时,他的回答不就是“解惑”吗?你在国内外旅游,导游就是你的老师。记得我在意大利旅游时,那位华人导游就是一位学者(五十岁光景),他对西方的艺术和宗教都有精深的研究。他没有资格当你的老师吗?就说在日常生活里,各色人等各有其专长,你不懂,别人未必不懂。当你有疑难问题时,不妨问问周边的人,哪怕是学理问题,或许有人会给你满意的解答。

《论语》有云:“子入太庙,每事问。”孔子走进太庙,每件事都要问问身边的人。孔子说:“三人行,必有我师焉。”三个人一起走,其中一定有人可以做自己的老师。《三字经》说:“昔仲尼,师项橐。”据说孔子曾经拜鲁国七岁神童项橐为师。孔子圣人,如此不耻下问,我等芸芸众生,自当虚心向周边的人学习啊!

老人向周边的人学习,最方便的是向儿女们、孙儿孙女们学习。儿女们知道许多新知识,正是老人们所需要补充的。孙儿孙女们虽然幼小,但学习新东西的速度很快。比如老人学电脑、学手机技术,他们肯定是很不错的老师哩!

第三位老师是书本,这大概没有异议。这位老师至少有两大优点:一是请教方便。正如杨绛所说,请教书本,不必事前打招呼。翻开书面就闯进大门,翻过几页就登堂入室。书本还能为我们24小时全天候服务。如半夜三更,你忽然间想起一个问题,你打开灯,翻开书本,它也不嫌打扰,耐心地给你讲解。二是学问渊博。对于书本而言,天文地理,无所不知;三教九流,无所不晓。有问必答。陆放翁曾有诗云:“腐儒碌碌叹无奇,独喜遗编不我欺。白发无情侵老境,青灯有味似儿时。”书本永远是老年人的良师。

第四位老师是网络。这是我们请来的一位新老师,大概有些老年人对它还不太熟悉。这位老师很了不起,有人说是“无限精彩的网络”,它能“网尽天下”。它有一根“金手指”,能够“点石成金”。你把鼠标轻轻一点,你需要多少信息,它立马满足你的需要。(当然需要你掌握必要的搜索技术,这不妨叫你的儿女或孙儿孙女们教教你。)

三、“社会大学”

“社会大学”是一所不挂牌的大学,更多的老人并不去上这学校那学校,就是在社会中学习社会的学问。曹雪芹笔下的“宁府上房”对联云:“世事洞明皆学问,人情练达即文章。”就是指“社会大学”的学问。

“社会大学”可学的学问大着哩!从前在民间广泛流传一本蒙学教材,叫《增广贤文》。这本书的作者和时代都不清楚,大概不是一个年代、一个作者完成的（所以叫“增广”）。由于它在文体上齐整押韵、通俗易懂，读起来朗朗上口，以致家喻户晓，妇孺皆知，成了“社会大学”的一本“经典教材”。

由于历史的原因，《增广贤文》有些内容已经过时，但仍有许多箴言、警句值得今天的老人们阅读、玩味，从中汲取教益。例如：

“岂能尽如人意，但求不愧我心。”“认真还自在，作假费工夫。”“书有未曾经我读，事无不可对人言。”（人生）

“知己知彼，将心比心。”“责人之心责己，爱己之心爱人。”“水至清，则无鱼；人至察，则无徒。”（处世）

“岂无远道思亲泪，不及高堂念子心。”“美不美，江中水；亲不亲，故乡人。”“千里送鹅毛，礼轻人意重。”（情感）

“少小不努力，老大徒伤悲。”“一寸光阴一寸金，寸金难买寸光阴。”（读书）

“勿因群疑而阻独见；勿任己意而废人言。”（成事）

这些都是古人从“社会大学”学到的学问，再以“教材”的形式回赠社会。

历史发展到今天,处于一个崭新的时代,人们对社会的理解自然与古人不同。下面应当是一位老人的作品:

> 天尚好,云已散,夕阳已把黄昏恋。退了休,上了岸,人生旅途又一站。图心宽,求康健,是是非非全看淡。柳树旁,小河畔,手把鱼竿放长线。没有鱼,也无憾,开心健体是关键。练歌房,把歌练,好歌不怕唱千遍。保健康,驱病患,早晚户外走两遍。老姐妹,炫一炫,广场跳舞比曲线。静与动,常变换,电视闲书适当看。学诗词,阅万卷,迎来春天百花艳。玩潇洒,寻浪漫,不如围着老婆转。家务活,都会干,全听老婆一声唤。伴老婆,四处转,游遍山水逛寺院。对儿女,别埋怨,遇事多把自己劝。儿女钱,也有限,给他火盆添点炭。老朋友,想见面,不能见面也无憾,感情深,未必见,只要心里常挂念。出远门,要防范,小心上当别受骗。走好路,往前看,回头未必就是岸。没有愁,没有怨,幸福晚年才实现。

这一作品深受老人们的欢迎,有人戏称可以申报诺贝尔奖。原文较长,经过压缩成现在的篇幅,不妨称之为“新贤文(简本)”。

其实,“社会大学”并没有教材,“古贤文”“今贤文”都只是

“学生”们“学习”的心得体会。“社会大学”的课程有四门：观察、思考、实践、总结。这四门课程都是老年人的强项。老年人是“社会大学”的高才生，“总结”形成了老人的经验，这是年轻人学不到的。然而，“社会大学”不发毕业证书。活到老，学到老，在“社会大学”里，永远毕不了业。

拓展阅读

社会学习理论　由美国心理学家阿尔伯特·班杜拉(Aibert Bandura)于1971年提出。此理论着眼于探讨个人的认知、行为与环境因素三者及其交互作用对人类行为的影响。由于人总是在一定的社会条件下生活，所以要在自然的社会环境中研究人的行为。

第四章　老有所为

老骥伏枥，志在千里。烈士暮年，壮心不已。

——曹操

第一节　“莫道桑榆晚，为霞尚满天”

一、为社会贡献余热

“老有所为”，就是用长年积累的知识、技能和经验，继续为社会服务。人们习惯地叫作“为社会贡献余热”。“老有所为”还有另一层意思，即老人把“老有所学”中学到的新知识、新技能应用于社会，这叫“以学促为”。唐代诗人刘禹锡有诗云：“莫道桑榆晚，为霞尚满天。”老人利用大约30年的时光，足可以有所作为，甚至大有作为。

老有所为最家喻户晓的故事莫过于姜太公八十遇文王。

姜太公传说颇多,但并非只是传说,历史上确有姜太公其人其事。

姜太公即姜尚,字子牙,因先人封于吕地,亦称吕尚或吕望。姜子牙原本贵族,因家道中落,做过卖肉、卖酒生意,但他胸怀大志,腹有良谋。暮年的姜子牙垂钓于渭水之滨,适逢西伯姬昌(即后来的周文王)到此游猎,二人交谈十分投契。文王见姜子牙学识渊博,通晓历史、时势,便向他请教治国兴邦的良策,姜子牙一一应对。文王听后甚喜,说道:"我先君预言:当有圣人至周,周才得以兴盛。您就是那位圣人吧?我太公望先生久矣!"文王亲自把姜子牙扶上车辇,一起回宫,拜为太师,人称"太公望"。后来姜子牙成为周武王灭商兴周的首席谋主、最高军事统帅和开国元勋。姜子牙也是中国古代一位影响久远的韬略家、军事家和政治家,历代典籍都公认他的历史地位。儒家、道家、法家、兵家、纵横家皆追认他为本家人物,尊崇其为"百家宗师"。

古代老人老有所为,自然不只姜太公。比如,春秋时老子,做过周朝管理藏书的史官,学问渊博,孔子曾问礼于老子。晚年老子出函谷关,应关令尹喜的请求,著《道德经》五千言,流传后世。战国名将廉颇,也是历史上著名的老将;他"负荆请罪",化解与文臣蔺相如之间的恩怨,合力辅助赵王,传为美谈;为抗击周边强国,特别是强秦,廉颇屡立战功,史书谓之"用兵如神”。三国时蜀国老将黄忠,定军山一战,阵斩魏国主将夏侯渊,大振军威。如此等等。

当代的中国,社会安定,经济发展迅速,老有所养,老有所乐,老人快乐安康,自然伴随着老有所为。这样的故事很多。例如:前面说到的退休教师方守度老人,出身于江南诗书世家,他会针灸按摩,能裁剪、烹饪,善街头舞蹈,被朋友戏称为“河洛奇叟”。他70岁孤身闯荡京城,沉迷国学,将《道德经》等几部经典背得滚瓜烂熟,还用中英文背诵《孙子兵法》,让中外专家大为惊讶。他拜著名拳师学太极,并在京城教授拳技。还学习电脑,在网上推广他的“读书养老法”。媒体称誉方守度为“老树开花”。

黑龙江林业工人马永顺是全国闻名的劳动模范,退休以后,带领全家人义务植树5万余棵,联合国授予其“全球环保500佳”荣誉称号。

贵州陈培正,从金沙县教育局局长岗位上退下来以后,创办雨花斋餐厅,为鳏寡、空巢、独居老人,以及其他困难群众免费提供午餐,三年时间免费供餐48万余人次。雨花斋餐厅从贵阳市一家店发展到四家店,从贵阳一个城市发展到遵义、六盘水等七个城市。

黑龙江虎林市退休工程师侯家贵,在一次看朋友的路上见到农民施肥都是用手撒,不仅劳动强度大,而且不均匀。他想发明一种机器取代人工操作。经过几年时间的努力，终于制作成功，获得国家发明专利。

长沙岳麓区老人薛敏，帮女儿带孩子7年，竟捣鼓出两件“带崽神器”——新生儿防移位护脐肚兜、360°全防护婴儿围嘴，且都获得国家设计专利。

其实，老有所为并非一定要发明创造，做大事业。比如，大学老师退休后被另一所高校聘为客座教授，退休的医务工作者到社区医院坐诊，老干部退休后担任社会福利组织的领导，企业家不受年龄限制服务社会，还有农村的“老村长”发挥余热，等等，他们未必有大作为，但都是在退休年龄之后所做的工作，所以都是“老有所为”。

其他如，带头遵纪守法，给后生讲民族传统和美德，甚至做力所能及的家务事，都应当算是老有所为了。陆游诗云：“老人不复事农桑，点数鸡豚亦未忘。”看好家禽和牲畜，也算对家庭的一点贡献。

“老有所为”是老人运用自己的智慧和能力，适应晚年生活的成功实践，是老人对人类社会的最后奉献。

2002年联合国第二届老龄大会强调“积极老龄化”这一主题，主张老人积极参与社会生活，让老人们在“有所为”“有所用”中发挥余热，同时收获主观幸福感和生活满意度。

二、有所为,积极的养老方式

老有所为,首先需要心理强大。美国著名的人际关系学家卡耐基说过:“你有信仰就年轻,疑惑就年老;有自信就年轻,畏惧就年老;有希望就年轻,绝望就年老。”

海明威《老人与海》讲述了这样一位老渔翁的故事:

> 老人圣迭戈独自在海上捕鱼,接连几个月没有收获,后来他钓到一条很大的旗鱼,跟它缠斗了两天两夜,用鱼枪把它刺死,但在返回途中遇到鲨鱼群的“抢劫”,老人虽然杀死了几条鲨鱼,但旗鱼还是被其他鲨鱼吃光了。在他进港时,旗鱼只剩下一副庞大的骨架。

老人真是倒霉极了。《老人与海》是作者海明威获得诺贝尔奖的作品,作为经典,最关键的在于贯穿全书的老人那种永不认输的乐观精神,“他的希望和自信从未消失”。小说的末尾,他仍然准备再次出海。

自信、乐观和希望,这正是“老人不老”的强大心理因素。(或许读者会说,这是小说,并非真实。其实,老人圣迭戈确有原型,名叫佛恩特斯,是作者多年的好友。撇开这一点不说,小说作为艺术真实，艺术源于生活而又高于生活，应当比真实还要"真实"哩！）

老有所为，其深层次的动力就是爱，爱自己的亲人，爱自己的事业、自己的国家。

例如：

> 2011年日本那次大海啸发生时，一对老夫妻桥本和芊子正在海边散步。芊子的眼睛因患白内障几近失明，桥本拉着芊子的手，跑向避难所。可是巨浪像恶魔般紧随其后，不多时两人就陷入浊流之中。桥本紧紧抓住芊子，但意外还是发生了：芊子的手滑脱了。情急之下，桥本索性闭上眼睛瞎摸，他相信芊子一定在他身边。十几秒过后，他再一次抓着了芊子的手，几经周折，两人逃到了高处的斜坡上。

两位老人逃到避难所相拥而泣。有人问桥本："大伯，你是如何在十几秒内准确找到大妈的位置，抓住大妈的手呢？"桥本老人说："这是我的心灵感应。海啸把芊子冲倒时，我刹那间感到远隔天涯，但心告诉我，她一定就在我身边。"正是这种"大爱"让桥本采取了最为正确的措施，避免了一场生死别离的浩劫。

老有所为，更是来自爱的实践，一种全心全意的为人民服务。

> 中国科学院力学研究所副研究员盛家宁,退休后,两所大学聘请他去教外语。他想到所里一些退休的同事想学英语,也想到了2008年要在北京举办的奥运会,他决定为此做些事情。在他的建议下,所里办起了退休老人英语学习班,由他义务讲课。同时应所里年轻人的要求,随后又办起了青年英语学习班。为此,他辞去了两所大学的教学任务。盛先生身体不好,经常疲惫不堪,但一上讲堂,就像换了一个人似的,全身充满活力,课堂也随之活跃起来。

盛家宁先生所做的虽然不是什么轰轰烈烈的大事,但是他的一片爱心和爱的实践赢得所里同事们的敬意和对他健康的关切。

雷锋说:“人的生命是有限的,可是,为人民服务是无限的。我要把有限的生命,投入到无限的为人民服务之中去。”为人民服务能够是无限的吗?人老了,还能无限地为人民服务吗?是的!答案是肯定的。

人老了,生命更有限了,但只要有强大的内心,有一颗爱心,就一定对社会(包括社会的一部分——家庭)有所作为,甚至大有作为。人老了,离开了这个社会,但他为社会所做的奉献会长时间留在人们的心里,人们怀念他,效仿他(就像雷锋那样),不就是继续在为人民服务吗?如果留下了“有形”的东西,如著作文章和发明创造,这不就是无限地为人民服务吗?

拓展阅读

老有所为诗词名句

老骥伏枥，志在千里。烈士暮年，壮心不已。——曹操

莫道桑榆晚，为霞尚满天。——刘禹锡

莫道人生难再少，门前流水尚能西。——苏轼

第二节 “有所为”的选择

一、“或者”的选择

“老有所为”不是说老人要为社会做一切事，而是做某些事。那么是哪些事呢？做自己喜欢的事，做自己过去想做而未做的事，做社会需要而又力所能及的事，诸如此类。于是就有了选择。由于老人们各有各的活法，各有各的喜爱，各有各的长处，各有各的人生理念，于是做起事来就各有各的选择。老人的选择可以有所不同，但选择的结果只有两种：正确的选择和错误的选择。如果是正确的选择，就会有益于社会，有益于家庭，有益于自己的身心健康、快乐和幸福。如果是不正确的

选择,那就会适得其反。

如果说老有所为,“为”什么要有选择,那就要有可供选择的选项。比如,参加老年艺术团,有合唱队和舞蹈队两个选项可供选择。即:

我参加合唱队或者我参加舞蹈队。	A 或者 B

你选择合唱队。这就是一个“或者”的推理:

我参加合唱队或者参加舞蹈队。	A 或者 B
我不参加舞蹈队。	非 B
所以,我参加合唱队。	所以 A

这就是一个“或者”的推理。特点是:否定一个选项就要肯定另一个选项,但不能反过来,即不能肯定一个选项,就否定另一个选项。比如你参加了合唱队,并不意味着你不能参加舞蹈队。即:

我参加合唱队或者参加舞蹈队。	A 或者 B
我参加合唱队。	A
所以,我不参加舞蹈队。	所以非 B

这个推理不正确。比如,合唱团并没有规定两个选项只能选一项。如果你都喜欢,时间上也不冲突,你可以同时参加两个队。

然而下面的情况就不同了。请看《孟子·告子上》中孟子的一段名言:

> 鱼,我所欲也;熊掌,亦我所欲也。二者不可得兼,舍鱼而取熊掌者也。

这不是“或者”的推理,而是“要么”的推理,因为它有“二者不可得兼”的要求。这个推理是:

我要么吃鱼,要么吃熊掌。	A 要么 B
我不吃鱼,	非 A
所以,我吃熊掌。	所以 B

“要么”推理不同于“或者”推理,“要么”推理可以“反过来说”。即:

我要么吃鱼,要么吃熊掌。	A 要么 B
我吃熊掌,	B
所以,我不吃鱼。	所以非 A

也就是说,“要么”推理从否定一个选项到肯定一个选项,和从肯定一个选项到否定一个选项都是正确的。这就是“要么”推理与“或者”推理的区别所在。

老有所为在“为”什么的问题上,首先要弄清有什么可供选择,即有几个选项,然后根据自己的实际情况作出选择。在选择时要注意是“或者”还是“要么”,注意它们不同的推理规则。

二、“优先”的选择

“优先”概念与“更好”相联系,也与“选择”相联系,“优先”就是选择“更好”。比如,在一场马拉松比赛中,根据自己的情况选择坚持比选择放弃更好,也就是“坚持”优先于“放弃”,所以当事人选择坚持,最后取得了胜利。

孟子说:“鱼,我所欲也;熊掌,亦我所欲也。二者不可得兼,舍鱼而取熊掌者也。”这是一个有舍有取的推理,有所舍而有所取,有所不为而有所为。不过这个推理没有说出“舍”和“取”的原因。

那么,什么是孟子舍鱼而取熊掌的原因呢?应当是:

我喜欢吃熊掌胜过喜欢吃鱼。

也就是说，吃熊掌优先于吃鱼。

在社会生活中存在三种不同的“优先”类型：1. 对于某种目的来说，一种工具优先于另一种工具，如计算器优先于算盘，为工具优先；2. 做一件事情，一种方式优先于另一种方式，如谈判优先于战争，为方式优先；3. 就事态而言，一种事态优先于另一种事态，如健康事态优先于疾病事态，为事态优先。这三种“优先”并不是各自独立的，其中事态优先是基本的，其他“优先”都可以还原为事态优先。

“优先”是一种关系。在优先逻辑中“优先”公式记为：

A 优先于 B

公式读作：事态 A 优先于事态 B。例如：

我喜欢下围棋胜过下象棋。

“我喜欢下围棋”为事态 A，“我喜欢下象棋”为事态 B，A 和 B 之间存在“胜过”亦即优先的关系。

值得注意的是，孟子这段话之后紧接着还有一段话：

生，亦我所欲也；义，亦我所欲也。二者不可得兼，舍生而取义者也。生亦我所欲，所欲有甚于生者，故不为苟

得也。(《孟子·告子上》)

这段话的末句倒是说明了“义”优先于“生”,所以“舍生取义”。孟子的两段话加在一起,表达了一个比喻推理(类比),即以前者比喻后者。由于两件事情相类似,所以能够从前者推出后者。这后一段话才是孟子所着意表达的思想。(原来孟子是在打比方,并非饕餮之徒,真的想吃熊掌啊!)作为类比推理,其公式就是:

A 相似 B 并且 A,所以 B

优先选择是基于优先判断之上的选择行为。在日常生活中,人们通过对不同时态的价值评估及其价值比较,形成优先判断。比如,“A 比 B 好”“A 优先于 B”“B 不如 A”等等;然后将这种认识付诸行动,导致优先选择:选 A 而不选 B。

汉语中有一类取舍复句,常用关联词语“宁……不”或“与其……不如”来表达。例如:

宁为玉碎,不为瓦全。

文章与其长而空,倒不如短而精。

前例表示先取后舍,后例表示先舍后取。它们都是建立在优先

判断基础之上的选择推论。即

要么玉碎,要么瓦全。推出:取玉碎而舍瓦全。

文章要么长而空,要么短而精。推出:取短而精而舍长而空。

汉语中的“宁……不”推论应用颇多,并且在历史上沉积为许许多多的“宁……不”成语,如“宁缺毋滥”“宁死不屈”“宁可清贫,不可浊富”“宁为鸡口,不为牛后”“宁我负人,勿人负我”“宁为太平犬,不作乱世人”,形成了一种“宁……不”优先选择模式。

优先判断是一种价值判断。在社会生活中,人们从事某一具体实践活动,总是先要进行价值思考,对不同的对象或行为作出评估,比较它们之间的优劣、好坏,在此基础上作出优先判断,然后付诸行动,即导致优先选择行为。

优先判断总是在特定情境中完成的。优先判断的情境称为“优先视野”,即主体在思考不同事态之间是否具有优先关系时所考虑到的构成相应景况的那些事态。优先判断的一般形式是:

C(a 喜爱 A 胜过 B)

C 表示情境(时间、地点、人物、事件等因素),也就是“优先视野”。a 表示主体。公式的意思是说,任何优先都是相对于主体即人而言的,都是由特定的人在特定情境中作出的优先判断。为了方便起见,优先判断常常采用省略形式“A 优先于 B”,暗中假定了所考虑的“优先”是相对于给定的主体和给定的情境而言的,简单记为:a 喜爱 A 胜过 B。因此,A 优先于 B。

由于“优先”在应用中具有动态的性质,因此优先关系常常发生变化。“优先”变化的意思是指主体在一个情境中喜欢事态 A 胜过喜欢事态 B,而在另一情境中也许喜欢事态 B 胜过事态 A。例如,“我”在一段时间里喜欢下围棋(A)胜过喜欢下象棋(B),而在另一段时间里也许反过来喜欢下象棋(B)胜过下围棋(A)。或许在另一时间里,“我”喜欢打麻将(C)又胜过下象棋和下围棋(A 并且 B)。这些都是优先关系的变化。

优先关系的变化一般来自两个方面的原因:一是客体情境的变化,作出第二次优先选择时的情境已经不同于作出第一次优先选择时的情境,情境的变化导致优先关系的变化。二是主体认知或心态的变化,即在两次优先选择时,客体情境虽然没有发生明显的变化,只是主体的评价标准或者欣赏趣味改变了,从而导致优先关系的变化。

拓展阅读

优先逻辑 亦称选择逻辑或择优逻辑,是研究存在于人们的价值选择行为之中的优先关系,并从逻辑上分析这些关系的哲学逻辑分支。优先逻辑的历史可以追溯到亚里士多德的《论辩篇》。在当代,冯·赖特(Georg Henryk von Wright)和N.雷谢尔(Nicholas Rescher)分别是优先逻辑的两种研究方法即公理化方法和语义方法的代表人物。

第三节 “度”的拿捏

一、“为”必有度

老有所为,“为”必有度。

“度”是一个很重要的概念,“度”的拿捏是人生的大智慧,如果得当,一生顺风顺水,乃至功成名就;如果失当,往往功亏一篑,带来许多困扰,乃至痛苦不堪。

那么什么是“度”? 我们所说的“度”,是指事物所保持的质的数量界限。比如,我们不能满足于某人是好人还是坏人,还应当知道他好到什么程度或者坏到什么程度。这就是“度”的概念。事物的质是相对于量而言的,在度的数量界限之内量变不会引起质变,超过了度就会引起质变。比如,某人作为好人的度数极低,如果继续下滑,越出了界限,那么他就成了坏人。度的上限和下限就是引起质变的两个节点,“度”的概念体现了质变和量变的统一。

人生有度。人生的经历就是一个“质变—量变—质变”的反复过程。比如说,人们以受精卵为起点,受精卵就是一次质变的结果;经过十月怀胎的量变,孕育了婴儿的诞生,这是又一次质变。尔后经历儿童、少年、青年、壮年、老年,直到死亡,完成最后一次质变。其中每一个节点都是前一次质变的下限,又是后一次质变的上限。值得关注的是,质变在时间上相对短暂,而量变往往有一个漫长的过程,在这漫长的量变过程中往往刻有一个个“度”的标记,称之为“人生刻度”。人生刻度有的属于自然过程,比如,年龄、年事的刻度,而有些刻度则只属于个人标尺。比如,某人读书成绩优异,由小学、中学、大学而研究生,一帆风顺,最后成为学者名人,这也是一种人生刻度。又如,一对青年男女,由相识到相知、相爱,到结婚、生子,白头偕老,这又是一种人生刻度。人生有度,各有自己的人生刻度。

人生有度,一切思想行为都不可无度,但也不可过度。比如，种田需要施肥，多施肥多增产，然而过度施肥反而减产；体育运动能够健强体魄，但是过度运动反而有损健康；美味佳肴人人喜爱，过度了就是贪食，叫作饕餮之徒；饮酒是人生乐事，过度了即为酗酒，唤为酒鬼；讲卫生有利于健康，过度了就成洁癖；读书使人明理，过度了即是书痴，或叫书蠹；老实过头难免受人欺侮，聪明过头反被聪明所误；谦虚过头成了虚伪；自信过头就是顽固；骄则必败；喜极而泣，乐极生悲；否极泰来。总之物极必反，一切事物过度了都会引起质的变化。人生有度而不过度，全在于对于度的拿捏，度的拿捏是人生智慧而且是大智慧的一种体现。

老有所为，“为”必有度。比如说，你的“为”是你喜欢的吗？喜欢的程度如何？是社会需要吗？需要的程度怎样？你的选择正确吗？正确的程度如何？你的实施过程怎样？顺利，不太顺利，还是不顺利？实施的效果如何？很成功，成功，还是失败？这些都应有“度”的估量。心中有“度”，办起事来就会从容不迫，有条有理，是切切实实的“老有所为”。

二、度的计量

人们常说“胸中有数”，做任何事情都要有个数量概念，需要作出数量分析。人们说“胸中有数”，也就是“心中有‘度’”。

然而要做到心中有度并非易事，甚至非常艰难。比如，战争中要“知己知彼，百战不殆”，你对敌方究竟知道多少？具体知道的“度”是多少？比如，你同恋人相知相爱，到底知有多少？爱有多深？也就是知和爱各有多少度？比如，你说有个朋友对你很好，那么好到什么程度，度是多少？因此，“度”的拿捏首先必须认知相关事物的度，这叫度的计量。

认知事物的度有许多方法，在日常生活中最常用的是估量法。比如，你跟某人是割脖子朋友，用古人的说法叫“刎颈之交”，这是友情的一个度；你说你和恋人爱得死去活来，这是爱情的一个度；你说今年水稻只能收七八成，这是庄稼估产的一个度。那么，这些度你是怎么判定的呢？你会说是凭着感受或者经验估量出来的。这就是估量法。（老人可是经验估量的高手啊！）然而，这些估量可靠吗？要知道感受可能有误，经验可能不足，如果度的估量失误，难免功败垂成。比如，你高估了对方爱你的程度，贸然提出婚约，难免遭到拒绝；比如，战争中如果低估了敌方的军事实力，贸然进攻，难免惨遭败绩。总之，估量法很方便但未必准确，使用时必须慎之又慎。

度的计量除估量法以外，还可以应用一些工具进行测算，可以称之为测算法。测算法是相对精确的计量方法，通过测算可以得到一个度的数字。比如，用尺子量布，用秤称物，用体温表测量体温，尺子、秤和体温表都是用以测算的计量工具。比如,应用显微镜、分析天平、核磁共振仪、高倍天文望远镜等科学仪器,它们是一些更为精密的计量工具。

自然语言的一个重要特点就是模糊性。为了把握模糊词项的度,20 世纪 70 年代,美国控制论专家查德(L. A. Zadeh)在论文《模糊集合》中引入了“隶属度”的概念,首次应用数学的方法成功地描述了模糊词项,使之相对清晰化。查德的“模糊集合”是普通集合概念的推广。在普通集合里,一个元素 a 和集合 A 的关系只有 $a \in A$ 和 $a \notin A$ 两种情况($\in$,属于;$\notin$,不属于),或真(记为 1)或假(记为 0),二者必居其一。而模糊集合论可以在(0,1)区间取任意的无穷多个值,如 0.9、0.85、0.8、0.1、0.01 等等,称为隶属度。比如,体操比赛,经过裁判的评分,运动员甲得 9.5 分,即他比赛成绩“优秀”的隶属度为 0.95。运动员乙得 8 分,优秀隶属度为 0.8。这样“度”的计量当然相对地精确多了。

又如:

老李老了。

李老老了。

两例由于其中“老了”的隶属度分别为 0.8 和 0.984,显然后例比前例更接近于“真”(真 = 1,假 = 0)。(根据隶属度,李老真的老了!)有了判定隶属度的方法,由模糊词项组成的模糊命题就会相对地清晰起来。

度的计量自然越精准越好,但是杀鸡用不着牛刀,在我们日常生活中“度”的计量不必那般精密,不妨采用加模糊限制词的方法使之相对精确化。模糊限制词根据隶属度的不同,分为“极”(“非常非常”“十分”等)、“很”(“非常”“相当”“挺”等)、“略”(“比较”“略微”“有些”等)、“微”(“稍微”“稍稍”“有点儿”等)四个等级。比如一位老人有所“为”,获得成功,评估其成功的程度,可以记为:

成功^{极}

成功^{很}

成功^{略}

成功^{微}

如果绩效是“成功^{很}”,即“很成功”,对于老人来说,是值得欣慰的。如果是“成功^{零}”呢?那自然就是失败了。

隶属度方法的作用,对老有所为的绩效评估是如此,其他呢?比如,对“为”的难度评估,同样如此,即难度^{极}、难度^{很}、难度^{略}、难度^{微}。隶属度分析方法对“老有所为”具有很重要的实践意义。

值得注意的是，对于人生中的重要决策，度的判定必须力求主客观一致。这样的方法很多，比如，征询他人的意见，核对事实前提，审查推理方法，等等；也可以集思广益，几个人商量商量，或者请几位专家进行论证。有一种叫作专家评分法（如体操比赛），比如，提出几个方案，请几位行家给每个方案评分，以获知各自真实或接近的度。

三、拿捏适度

如果说度的计量是一门科学，那么度的拿捏则是一门艺术。作为科学，度的计量可以重复应用，但是作为艺术，度的拿捏全在于个人运用之妙，不可重复。艺术在于创新，我们不能尽言拿捏适度的方法，但是有三个要素：时机、智巧和底线，则是必须牢牢把握的。拿捏适度是人生的大智慧。

时机。当事物的度达到下限的节点，这就是“时机”来了，一定不能错过。时机有时转瞬即逝，必须像梁山好汉那样“该出手时就出手”，不能有半点犹疑，否则错失良机，跟成功擦肩而过，后悔莫及。杜秋娘《金缕衣》诗云：“花开堪折直须折，莫待无花空折枝。”也是说把握时机的重要性。

智巧。拿捏适度还需要智巧。同样机遇，有人成功而有人失败，那就在于是否拥有智巧。王允巧使连环计，除去了大奸贼董卓，陈御史巧勘金钗钿，平反了鲁公子的冤狱，成功在于一个“巧”字；诸葛亮智算华容道，吴用智取生辰纲，成功在于一个“智”字。既智且巧就会大大地提高成功率。

拿捏适度实际上就是把握最佳时机，以最佳方式操作，就像武林高手过招，攻守收放都拿捏得分毫不差。“最佳”即度的极限，度不足不能成事，过了度就会出现质的转变，事与愿违。世界上最难以拿捏适度的大概是间谍，间谍需要说谎，而说谎难免会留下蛛丝马迹，所以间谍总是站在悬崖之上，随时可能跌下悬崖，粉身碎骨。成功的间谍都是在最佳时机以最佳方式出手，拿捏适度，所以成功的间谍必然是大智大勇之人。我们平常人往往埋怨说服无效（如说服孩子，说服朋友），其实都是在时机或智巧上拿捏不当，无须怨天尤人。

底线。底线是度的下限，另一个节点。如果逾越下限，就会发生退化性的质变。人的一生一般都要经历许许多多节点，好像是一个个人生开关，它可能把人带进黑暗和光明两种境界。如果突破底线，按错了开关，“一失足成千古恨”，后悔莫及。那些腐败、吸毒、赌博、杀人、抢劫及婚外恋的人，都因为没有守住底线，按错了人生开关，以致跌进深渊，万劫不复。在那“史无前例”的年代，政治风云变幻莫测，人人自危，有人给自己确定了一条底线：不说假话。虽然有一段时间颇为被动，但后来老实人终得好报，后半生一帆风顺。

拓展阅读

模糊逻辑 用模糊集合论的理论和方法研究的一门多值逻辑。主要是为了解决控制论、系统科学与计算机科学所提出的新课题而产生的。它运用数理逻辑成果，处理模糊性的逻辑对象和关系，提出了模糊逻辑变量、模糊语言变量、模糊逻辑函数等基本概念，对于模糊联结词与真值表的表示法也作了相应的研究。

第四节 “为”的规范

一、“不以规矩，无以成方圆”

孟子说：“不以规矩，无以成方圆。”（《孟子·离娄上》）。规，圆规。矩，曲尺。意思是说，不使用圆规和曲尺，就不能准确地画出方形和圆形。孟子用这句话来比喻一个人如果行事没有准则，那就什么事情也办不好。

我们今天的社会，老年人普遍受到尊重，那么老人应该怎么做呢？应当自重，给年轻人做出榜样。可是有些老人偏偏不争气，不按规矩办事，让年轻人看不起，也给我们老年人丢了脸。

例如：

> 江苏南通一个近百人的“暴走团”在过马路时，因为一辆公交车没有及时让路，团里几名男子竟围殴公交车司机。他们从窗外向司机扔烟头、破坏车辆的刮雨器，还动手殴打司机，致司机牙齿被打断一颗，嘴角缝了8针。

这像是老人应有的行为吗？老有所为，能够这样地“为”吗？“为”的“规矩”在哪里呢？

一篇文章评论这件事情说，现如今各种只要有老人聚集的广场舞、“尬舞”、“暴走团”几乎逐渐演绎成了社会公害，且不说以前怨声载道的噪声扰民，然后随着人数日益扩张，开始动辄侵占球场甚至公路作为他们的所谓“健身”场所。人多势众的情形下，看似一群年老体衰的退休老人，没想到总是他们首先对市民包括年轻学生采取暴力攻击，继上次郑州攻击打篮球的学生后，这次又暴力群殴公交司机。（注：“尬舞”指的是发源于美国的街舞对抗，是闽南话“较舞”的变音，“较”是较量的意思。闽南话里把“较”字发成“ga”的音。）

文章继续评论说，老人健身无可厚非，但法制社会的特征就是人人守法，一视同仁，可偏偏每次法律遇见老人违法，只是轻描淡写地放过，美其名曰“尊老”。这种法律的纵容，带来的恶果就是部分老人肆无忌惮的挑衅法制，挑衅社会容忍的底线。

该文章“小中见大”，对南通暴走团的“暴力”事件予以谴责，指出了它的违法性质，也指出了一小部分老人为老不尊，败坏了整个老年群体的形象。

当然，像南通“暴走团”事件中的老人毕竟只是我们老人群体的极少数人。我们更多地看到的是老人尊重传统、尊重道德和法律的正面形象。请看下面这位老人的故事：

> 咸阳市74岁退休老人康志海，按照市民文明行为、家庭和睦、学校教育、景区保护、交通安全、政务工作者务实为民、2—4岁幼童礼貌行为等7个方面，撰写了100条行为规范表述语。其中，“要为宅近芳邻添福气，不要为点小事把人欺”“要保社会和谐与安宁，不要生事作浪去兴风”“要给小娃教‘让梨’，不要糖果备得齐”等语句，都是源于生活、贴近生活，一颗为民的爱心跃然纸上。

这是一位可爱的老人，他不仅自己“心里有规矩”，而且满怀热情地把这些“规矩”编成了100条表述语，言简意赅，通俗易懂，而且朗朗上口，切中要害，能够让广大市民记忆和传播。老人说，他希望人人都能够从自身做起来，为我们的城市建设作出贡献。康志海老人的所“为”值得我们尊敬和学习。

二、“应当”和“允许”

所谓“规范”，是指约束和引导人们行为的一些规则。它们可以是明文规定，也可以约定俗成。逻辑上的规范词是指“应当”和“允许”，以及它们的同义或相关的表达式。

例如：

应当尊敬老人

允许宗教信仰自由。

前例是“应当”，后例是“允许”。

规范词“应当”和“允许”之间的真假关系可以表示为：

应当A等值于不允许不A

允许A等值于不应当不A

所谓“等值”的意思是说，两个表达式同真同假，真假值相等（意思一样）。以上述两句话为例，它们的等值式分别为：

“应当尊敬老人”等值于“不允许不尊敬老人”

“允许宗教信仰自由”等值于“宗教信仰不应当不自由”

在汉语中，规范词除“应当”以外，还有“应该”“应”“该”等词，它们与“应当”同义。例如：

老人做事应该冷静。
你该减减肥了。
理应如此。

“应当”的否定句，如：

老人做事不该这么莽撞。
你不该不接受以前的教训。

“必须”也是一个规范词，真假值与“应当”相同，但规范程度强于“应当”，没有商量的余地。例如：

老人必须遵守法律。

也就是说，对于遵守法律来说，所有人一律平等，“王子犯法与庶民同罪”，没有例外。

“当然”作为规范词,具有“应当”而且“必然”的意思。例如:

你能来,我当然高兴。

意思是说,我应当高兴,也必然高兴。

“允许”也有等义的“容许”“许可”“准许”等。例如:

老人犯错误也是容许的。

还有“禁止”一词,它也是使用频率很高的规范词。它的含义是“不允许”。公式是:

禁止 A 等值于不允许 A

例如:

禁止聚众闹事。

它的等值式是:

“禁止聚众闹事”等值于“不允许聚众闹事”

以上简单地介绍了“应当”和“允许”，以及相关的几个规范词的含义及它们之间的逻辑关系。这对于我们“老有所为”的行为规范自然具有重要的实践意义。老有所为应当接受规范的约束，而不是随心所欲。

老有所为，“为”必守范。对于“必须”，则毫不犹豫地去做；“应当”，努力去做；“允许”，根据情况去做；“当然”，你应当去做，而且你一定去做。至于“禁止”，那无论在什么情况下都坚决不做。只有严格遵守规范，老有所为才能够像孔老夫子那样：“从心所欲而不逾矩。”

拓展阅读

规范逻辑 也称道义逻辑、义务逻辑、伦理逻辑。研究含有“应当”“允许”等规范命题及规范演绎系统，是现代逻辑的一个分支。规范逻辑的建立，丰富和发展了模态逻辑，并在伦理实践和司法实践中发挥着作用。

第五章　老有所弃

放弃是一种智慧，明者远见于未萌，智者避危于未形。

——格言

第一节　放弃是一种美丽

一、老有所“不”为

有人问一位企业家朋友，他的成功秘诀是什么？企业家说：“第一是坚持，第二是坚持，第三还是坚持。”这也算秘诀吗？不料企业家补充一句：“第四是放弃。”原来“放弃”也是成功不可或缺的一个要素啊！

由于功利的巨大诱惑力，有时坚持或许不难，说要放弃却谈何容易！正如《红楼梦》中《好了歌》所云：

世人都晓神仙好,唯有功名忘不了……

世人都晓神仙好,唯有金银忘不了……

世人都晓神仙好,唯有娇妻忘不了……

世人都晓神仙好,唯有儿孙忘不了……

做神仙固然好,但是功名利禄、儿女私情却怎么也放弃不了,所以世人都做不了神仙。“放弃”就是这么难啊!

老人由于生理、心理的退化,所谓“彼一时也,此一时也”,“好汉不提当年勇”,不服老不行了。退休制度就是国家给予老人的养老保障,让老人离开职业岗位,不再操劳,但仍然保持一定的生活水准,这不是让你过神仙一样的生活吗?可是有些老人却不领情,因为失去了地位、权力,又减少了金钱。总之,一百个不情愿,放弃怎么就这样难呢?

然而智慧老人就不同了。智慧老人总是审时度势,勇于放弃应该放弃的东西,过着逍遥闲适的退休生活,或者兴之所至,做一些自己想做的事情。智慧老人有所为,也有所不为。对于老人而言,往往有所失才能有所得。

例如:

长春孔祥甫老人曾任一家服装厂的厂长和服装公司总经理,退休以后,在加拿大发展得很好的孩子把他接过去安享晚年。可是老人在加拿大住过一段时间之后，发现国外优越的生活并不能填补他内心对祖国、对家乡的眷恋。思乡心切的他不顾儿女反对，毅然返回长春。他在自家所在的街道当起了街道关工委副主任和居民楼的楼长。

孔祥甫老人放弃国外的优裕生活，就是为了满足对祖国、对家乡那一份深深的“情”。他说：“在国外生活的那一段时间，来自祖国的任何一点儿消息都会勾起我对祖国的强烈思念。我就是想回国，想为家乡做点事儿，哪怕只是当个小楼长。”

又如：

河北井陉县老太王桂申，69岁时放弃了每年数十万元收入的公司，承包荒山植树造林。10年时间里，老人吃住在山里，植树10万株，被村民称为“护山神”。

王桂申老人告诉记者，那些年生意不错，手头宽裕，经常外出旅游。在外地看到满眼的绿色，让她极为震撼。她见多了家乡贫瘠的荒山，心想：“难道咱就不能绿化绿化，改变一下环境？”这个闲不住的老太太于是做出惊人之举，与本县南障城镇七狮村签订了一份荒山承包合同，植树造林。这位老人不仅勇于放弃,而且为绿化家乡做出了重要贡献,可钦可敬!

再如:

> 在北京打工的18岁姑娘石芳丽,骑电动车经过燕郊一个路口时将76岁老人韩健撞倒至昏迷。石芳丽立即送老人就医,并辞去工作,打算陪护老人。老人被她的行为感动,不仅放弃索赔,还帮助石芳丽找到一份新工作。

这位年轻姑娘为了陪护老人放弃了工作,而老人投桃报李,放弃索赔,还为姑娘找到了新的工作。两位都是勇于放弃的人,传播的都是社会的正能量。

放弃是一种美丽。正确的放弃是一种智慧,因智慧而美丽。

二、智慧老人不做蠢事

老有所弃,放弃什么?放弃必须放弃的东西。至于具体放弃一些什么,什么应该放弃,什么不该放弃,这就需要智慧了。放弃恰当则老年生活快乐、幸福,否则就会不快乐、不幸福。

在序章里,我们说到老人智慧的实践有所为有所不为,具体说到七个“不要”:不要把老底都给了孩子,不要干预乃至包办孩子的婚恋,不要包揽孙子辈的养育和教育,不要干预孩子们对于专业和职业的选择，不要沉湎于养生，不要迷信神鬼，不要倚老卖老。下面进行一些具体讨论。

1. 不要把老底都给了孩子

父母对儿女的义务是把他们养育成人，儿女长大后就不该再依赖于父母了。“啃老”是错误的。可是有的父母一味迁就已经成年的儿女，甚至把老底也给了他们，弄得自己凄苦不堪，儿女们也未必领情。例如，一位老太，在老伴去世后独自住在一所比较宽敞的房子里。一个孩子要求搬进来陪伴母亲，老太同意了。可是孩子们接二连三都搬了进来，弄得老太只得睡在阳台上。有的老人把部分积蓄私下给了自己喜欢的孩子，可是没有不透风的墙，其他孩子认为老人不公道，大闹了一场。

2. 不要干预乃至包办孩子的婚恋

婚恋是儿女们自己的事情，父母可以提出一些参考性的意见，但绝不能包办代替，强制儿女服从。有一个女孩一次次选择自己的婚恋对象，父亲经过自己的考察，都认为“不符合条件”，以致年复一年，大姑娘变成“老姑娘”，50 多岁还是单身一人。这不是很悲哀的吗？

杭州有个万松书院，是当年梁山伯与祝英台读书之处，如今成了父母代子女相亲的地方。可怜天下父母心，但可不要包办婚姻哦！

3. 不要包揽孙子辈的养育和教育

老人疼爱孙子辈，这很容易理解，但不应当包揽孙儿孙女们的养育和教育。一来老人们的育儿经验和教育理念跟不上时代，难以满足子女们的要求，有时还会产生重大分歧，大家都不快活；二来老人精力不济，容易出现闪失。有一位老父亲负责照料外孙，有一次在户外看孩子玩耍，一不留神把外孙丢了。老人为此痛不欲生。女儿好几年不跟父亲说话，同样痛苦不堪。（当然，老人们给儿女"搭把手"是应当的，但不必担当"大任"。）

4. 不要干预孩子们对于专业和职业的选择

孩子读大学或读硕士生、博士生，专业选择关系到孩子一生的职业、兴趣和幸福，他们自有主张，不需要父母或祖父母们越俎代庖。有一位中学特级教师，她对女儿的期望值很高，女儿也确实非常优秀，读的都是名牌学校，毕业后又在国外一所著名大学读博士。可是无论如何没有想到，这位一直优秀的女孩竟然留下一纸遗书自杀了。遗书说她一直听母亲的话，为了"优秀"，实在压力太大，非常的累。这位母亲好心办了坏事，而且是无法挽回的坏事啊！此刻我们能对这位母亲说些什么好呢？

5. 不要沉湎于养生

老人健康不仅可以让晚年生活更幸福，同时也减少了子女们的负担。老人的保健主要在于保持良好的心态，有相对严格的作息规律，保持良好的饮食习惯和适当体育运动，而不在于服用什么保健品。有些不良商家利用老人希望长寿的心理，诱骗老人购买大量的保健品，把老人多年的积蓄乃至养老钱、保命钱都掏了出来。一些保健品推销员巧舌如簧，说得天花乱坠，不容得你不信，目的只是掏你的腰包。有的公司还搞就餐、旅游、抽奖等活动，那还不是你们腰包的钱吗？

6. 不要迷信神鬼

迷信神鬼和宗教信仰是不同的两回事。宗教是一种社会意识形态，一般由宗教组织、信仰、戒律等基本要素构成。但封建迷信是旧社会遗留下来的一种陋习，一般是由神汉、神婆等迷信职业者从事的算命、看风水、求签卜卦等活动组成。宗教信仰是公民个人自由选择的私事，而封建迷信活动则是神汉神婆们妖言惑众，装神弄鬼、进行诈骗的活动。这些活动，即使在科学昌明的今天，仍然有不少人深信不疑，包括知识分子。这也是很可悲的事情啊！

7. 不要倚老卖老

社会尊重老人，尊重老人对社会的贡献，尊重老人的人生经历。年轻人对老人彬彬有礼，热心为老人们做一些事情，比如，在车上给老人让座，搀扶老人过马路，送陌生的生病老人上医院就医，等等。但这些都不是他们“必须”做的，他们可以不做。作为老人，他们做了，就应当感激，表示谢意。老人不能倚老卖老，认为这一切都“理所当然”。比如，有的老人上车就直接要年轻人让座，否则就大动肝火，说年轻人“不懂事”。有个老人早晨出去“遛鸟”，提了五个鸟笼，在公交车上占了六个座位，完全不顾这是上班高峰时间。

智慧老人不做蠢事，勇于放弃，这就是老有所“不”为。老有所为是老人对社会的奉献，老有所“不”为也是奉献社会。事实很明显，老人们不做违背规范的事情，比如，不违反交通规则，不聚众闹事，不赌博、酗酒、吸毒，不随地吐痰，不说粗话；比如，不倚老卖老，不迷信神鬼，不沉湎于养生，不干预不该干预的儿女事情，这不都是有益于社会进步、家庭和睦的大好事吗？所以，老有所“不”为也是为社会作贡献。放弃是一种美丽。

拓展阅读

名人论"有所不为"

富而可求也,谁执鞭之士,吾亦为之。如不可求,从吾所好。——孔子

人有所不为也,而后可以有为。——孟子

大巧在所不为,大智在所不虑。——荀子

然则有所不为,亦将有所必为者矣。——范烨

第二节 放弃的选择

一、放弃也是一种优先选择

随着年龄老化的进程,老人的"放弃"势所必然,但是放弃什么,选择什么,这就需要智慧了。

放弃其实也是一种选择,一种优先选择。

放弃"在职",选择退休。因为退休优先于在职。对于青壮年来说,有一份工作至关重要:有一份工作亦即"在职",既可以奉献社会,也是生活的经济来源,在职优先于不在职。可

是人老了情况就不同了。人老了精力不济,不能以最佳状态完成工作任务,而政府又规定了退休制度,仍能拿退休工资,“老有所养”。这时候不在职就优先于在职,放弃在职就是正确选择。或许有人说退休是制度,并非个人选择。其实这里是指认知和心态上“喜欢”退休,一年365天,天天都是星期天,可以随心所欲做自己想做的事情,何乐而不为也。所以喜欢退休胜过喜欢在职,优先选择退休。

放弃追求名利,选择淡泊名利。因为淡泊名利优先于追求名利。论名说利并非都是庸俗之辈。所谓“名正言顺”,“荣誉是人的第二生命”,名人、名家,名满天下有什么不好?至于利,乐富贵而悲贫贱也是人之常情。只不过退休之后,一些人的官位、职称、头衔的光环不复存在,大家的共有身份就是“退休人员”,因此就要放下身段,淡泊名利,低调而非高调,这样才能心理平衡,快乐、幸福。

放弃恩怨,选择宽容、豁达,因为宽容、豁达优先于纠结恩怨。随着时间的推移,以往一切恩恩怨怨都成为过去时,无须记挂心头,人都老了,还计较什么呢?“历尽劫波兄弟在,相逢一笑泯恩仇。”宽容、豁达为你赢得快乐和幸福。

放弃快节奏,选择慢生活。因为慢生活优先于快节奏。以前为了赚钱养家,为了升职升级,为了奉献社会,或者其他“为了”,不得不去适应高速运转的社会生活,累得身心俱疲。如今

“解放”了,有条件放慢生活的节奏,慢条斯理、从从容容享受人生。即使“贡献余热”,也无需那般匆匆忙忙。

放弃复杂生活,选择简单生活。因为简单生活优先于复杂生活。所谓“简单生活”就是那种轻松和不麻烦的生活,朴素而低科技,充满灵性,保证有时间做自己想做的事情。也就是淡化无休止的欲望,勇于放弃,简化生活琐事,从而减少诸多烦恼,保持心情宁静,活得逍遥自在。

放弃药物养生,选择自然养生。因为自然养生优先于药物养生。自然养生是一种科学的、健康的、绿色的养生方法,旨在重新调动人体自身的修复系统。药物对于养生并非没有作用,但大量服食营养品、花冤枉钱绝非良策。

放弃迷信神鬼,选择科学人生。因为科学优先于迷信。如此等等。

“放弃”也是一种选择——选择放弃,仍然是“优先”选择。公式即:

非 A 优先于 A,所以非 A

选择非 A,就是放弃 A。

二、放弃,也是获得

上帝关闭一扇门的同时一定会打开另一扇门。人的一生中,得与失是平衡的,在此处得到就会在彼处失去,永远“得”而没有“失”是不可能的,永远“失”而没有“得”也不可能。人们常说有一得必有一失,有一失必有一得,得失轮转就是人生的平衡木。

放弃了应该放弃的,便会得到你应该得到的。“舍得”就是有“舍”才有“得”,“舍不得”就是没有“舍”才没有“得”。“舍—得”啊!

一位老人在高速行驶的列车上,不小心把刚买来的一只新鞋掉出了窗外,周围的人深表惋惜。不料老人把另一只鞋从窗口扔了出去。这让刚才替他惋惜的人们大吃一惊。老人解释说,这一只鞋无论多么值钱,对我来说已经没有用了。如果有谁能捡到一双鞋子,说不定他还能穿哩!

老人失去一双新鞋,可能有人捡到一双新鞋。更为重要的是,老人的高尚情操感染和教育了周边的人,这所得则是无价的。

青年农民张文举想当作家,十年如一日给刊物写稿,可是连一封退稿信都没有收到。29 岁那年,总算收到编辑部第一封信,编辑说他不适合写作,但是钢笔字越来越出色。他忽有所悟,于是改学书法,竟成了有名的硬笔书法家。

张文举放弃了不成功的作家梦，取得了成功书法家的桂冠，苍天不负有心人。放弃并不意味着失去，此所谓“失之东隅，收之桑榆”是也。

> 钱学森于1955年放弃了在美国优越的工作和生活条件，携妻带子回到中国。他在当时艰苦卓绝的环境下为中国的导弹事业立下了不朽功勋，被誉为“中国导弹之父”“中国航天之父”和“火箭之王”，获得2008年影响世界华人盛典“终身成就最高荣誉大奖”。他的伟大贡献和伟大人格，让人们永远铭记心中。

钱老如果没有前面的放弃又哪来后面的“获得”呢？钱老之得，可是中国国家之得啊！

懂得放弃是一种境界，不把得失看得很重，所谓“不以物喜，不以己悲”，“宠辱不惊，看庭前花开花落；去留无意，对窗外云卷云舒”。他们懂得放弃同样也是另一种美丽。而不懂得放弃的人，总是把“失去”记挂心头，一味地自怨自艾，自暴自弃，转眼间白发满头，剩下的只是一声长叹。

人世间的种种得失并非纯属偶然，而是看似偶然中有必然、必然中也有偶然。有的人看似偶然的失去之后，不再思考其中的必然，就在上帝关起来的门里待了下来，无意于迈出牢笼一步;有的人则不然,这扇门刚被上帝关上就去寻找上帝开启的另一扇门,又见到了蓝天白云的无限风光。

放弃也是获得,自然是有条件的。老人失去一双鞋子却赢得了周边人的敬意,是由于老人崇高的人品;张文举放弃了作家梦却圆了书法家的梦,是由于他的觉悟和坚韧精神;钱学森放弃了在美国的优裕生活却为祖国立下了汗马功劳,是由于他的伟大人格。没有特定的条件,失去就永远地失去而没有获得。在这里,条件是决定性的。

这就是这本书在“老有所思”那一章里所说的辩证思维,即公式为C(A并且非A)。也就是说,在一定条件(C)下,放弃同时(“并且”)也是获得。

拓展阅读

辩证法 源于希腊文,意为谈话的艺术。两千多年前的中国,就有了“一阴一阳之谓道”“祸兮福所倚,福兮祸所伏”的辩证法思想,西方则有“万物皆流,无物常驻”“同一事物既存在又不存在”的论述。黑格尔第一个全面论述了辩证法的一般运动形式,马克思和恩格斯创立了唯物辩证法。

第六章　老有所乐

行到水穷处，坐看云起时。偶然值林叟，谈笑无还期。

——王维

第一节　快乐的心态与脑态

一、快乐是一种心态

先让我们介绍一位美国老太 87 岁上大学的故事，她说过一句非常经典的话："我们不是因为年老而停止玩乐，而是因为停止玩乐才会变老。"

这位老太叫萝丝，很喜欢学习，87 岁那年获得大学入学许可。开学第一天，教授要求这群新生自我介绍后，都要去认识一位新朋友。结果萝丝看到了一位年轻的小帅哥，她轻轻地拍了拍对方的肩膀，小帅哥回头看到一个满头白发、满脸皱纹却又开朗活跃的小个子老妇人。萝丝说："嗨！帅哥！我是萝丝，今年87岁，我可以拥抱你一下吗？"帅哥有些诧异，也有些受宠若惊："当然可以。"帅哥半开玩笑地问："你年纪这么'小'，怎么就来念大学？"萝丝十分了解这种美式幽默，回答道："喔！我准备来这里钓个金龟婿，然后生几个小孩，退休后再去环游世界。"

一个学年下来，幽默开朗的萝丝成了学校的风云人物，她不论到哪里都很容易和大家结成朋友。虽然年龄不小，但她总是把自己打扮得漂漂亮亮，对人洋溢着热情。学期结束时，学校邀请这位"年轻"的大学生为大家演讲，而那场演讲让很多人终生难忘。

当主持人介绍完，萝丝准备开始演讲时，发现手上的讲稿不小心掉落了，有几秒钟时间她显得有点懊恼和腼腆，不过立刻就幽默地对着麦克风淡淡地说："真的很抱歉，我最近老是会掉东西。"她说："刚刚要上台时我本来想喝杯啤酒壮壮胆，却喝到了威士忌，没想到那玩意简直要了我的老命。看来我是记不得原先要讲的内容了，那么我就来说说我最熟悉的一些事吧。"

在大家的笑声中，萝丝堆满亲切的笑容说："我们不是因为年老而停止玩乐，而是因为停止玩乐才会变老。只有一种秘诀让人青春永驻、永远快乐，那就是必须让自己笑口常开，保持幽默与风趣，还要时时怀抱梦想。当一个人失去梦想时，他就形同死亡。变老和长大之间有很大的差别，任何人都会变老，但不一定每个人都会长大。长大的意思是——必须不断在蜕变中找寻成长的机会而善加利用！要活得无怨无悔。上了年纪的人，通常不会因做过的事后悔，却常因在年轻时未曾去做自己想做的事而遗憾。只有心怀悔恨的人，才会恐惧死亡。”

这位美国老太的故事给了我们老年人很大的启发。我们也要勇于“玩乐”，退休后去追逐自己的梦想，快乐地活在当下。

快乐是一种良好的积极的心态。只有快乐才能让我们拥有生活中美好的一切。快乐乐在心里，外求是求不到的。梁实秋写过一篇《快乐》的文章，他说：“有时候，只要把心胸敞开，快乐也会逼人而来。”他说，这个世界，这个人生，有其丑恶的一面，也有其光明的一面。良辰美景，赏心乐事，随处皆是。智者乐水，仁者乐山。雨有雨的趣，晴有晴的妙。小鸟跳跃啄食，猫狗饱食酣睡，哪一样不令人觉得快乐？

“老有所乐”是指老年人所持的乐观向上的生活态度，心态是晚年生活幸福的关键。俗话“笑一笑，十年少；愁一愁，白了头”形象而夸张地说明了积极与消极人生的巨大差别。一个人生活在大千世界上，好事坏事无时不有，关键在于怎样看待和理解。一个积极向上的人就像太阳，照到哪里哪里亮；一个悲观消极的人就像月亮，初一十五不一样。印度哲人奥修说过："将生命留给美好，别将生命浪费在丑陋事物上。人没有太多时间和太多精力可以浪费。生命如此短暂，人的能量源泉是那么的小，将它浪费在悲伤、怨恨和嫉妒里简直愚蠢。"把生命浪费在丑陋事物上，是智慧老人所不为也。

"老有所学""老有所为"都是给人生增值。如果说人生像是东流的一江春水，那么"给人生增值"就是给江水增加流量，流量充足了，自然延长流程，又能激越起美丽的浪花，人生就会充满活力，越活越快活。这也就是说，"老有所学""老有所为"是以"老有所乐"为前提和动机的，而"老有所乐"则是"老有所学""老有所为"的伴生物，也就是"乐在其中"。

"快乐"有一个大众的说法，叫"乐子"。老人都得有乐子，乐子是老人们的精神依托和心理安慰。老年朋友们，找找我们自己的乐子吧！"老有所乐"啊！

二、快乐更是一种脑态

快乐是一种良好的心态。可是生理学家们说，快乐本质上不是心态，而是脑态。

研究认为，快乐是大脑对外界信息加工后，脑中的分子、电流和神经元连接组成的一种特定状态。研究认为，大脑中的多巴胺是一种神经传导物,它所传导的兴奋和开心的信息能够让人快乐起来。当多巴胺冲顶时,我们就被快乐陶醉;多巴胺降到一定水平以下,我们就会浑身不自在。

有人以吃东西为例,生动地解释了多巴胺与快乐的关系。他说,你饿了,多巴胺降低。于是你生火做饭,洗菜切菜,等饭菜熟,多巴胺在漫长过程中慢慢积累,你也越来越充满干劲。等闻到香味、入口咀嚼,多巴胺就一齐冲上巅峰。可是,如果你饿了,随手抓起一包薯片,多巴胺冲上巅峰就会迅速回落,没有那般兴奋了。

如今的中国一扫数千年的贫穷旧貌,生活现代化了,照理说我们应当天天像过年一样兴奋、快乐,然而事实并非如此。对于一些人来说,虽非凄凄惨惨戚戚,但也绝不会是多巴胺时时刻刻都在顶峰,这就叫"身在福中不知福"。美国加州大学洛杉矶分校格芬医学院的马克·舍恩教授把这一现象称为"舒适悖论"。舍恩认为,解决"舒适悖论"不必把"不适"看成要战胜的对象,而是努力让涌入的其他感觉冲淡不适的感觉,比如虽觉得父母唠叨,但同时应感谢他们为你做的丰盛午餐。

中国国民党元老、著名书法家于右任饱经沧桑沉浮,却能荣辱自安。有人问他高寿养生之道,他指着墙上一幅字画,笑而不言。原来墙上挂有一幅莲花图,两旁是一副对联:

不思八九
常想一二

对联典故出自“人生不如意事常八九”这句名言，意思是说在我们的生命历程中，快乐时光只占微小的部分，更多的时候都是不舒适的。如果我们想过快乐人生，就要畅想那一二成快乐、舒适的事情，不想那些令人不快的事情。这不就是解决“舒适悖论”的一种有效方法吗？老年朋友们不妨试试！

此刻让我们想起逝去的霍金大师，他让疾病夺走了健康，被禁锢在轮椅上达50年之久。但他心里想的并不是悲哀，他写道：“我的手指还能活动，我的大脑还能思维，我有终生追求的理想，有我爱的和爱我的亲人和朋友。对了，我还有一颗感恩的心。”他不也是“不思八九，常想一二”吗？

其实，快乐既是一种脑态，也是一种心态。我们可以用心理活动控制物质的合成和分解，让多巴胺为我们带来更多的快乐，化不适为舒适，从而破解“舒适悖论”。

印度大诗人泰戈尔说过：“生命的悲剧，强烈地震撼着我们的感情，但生命从整体上看是极其乐观的。悲剧只是生命欢乐赖以表现自己韵律的一部分。”其实人生并没有那么悲观，如果我们能够正确地化解“舒适悖论”，化不适为舒适，那不就会笑口常开，感受到生活如诗如画、如咏如歌吗？

拓展阅读

《生活中的心理学》 刘青著，机械工业出版社 2006 年出版。心理学在日常生活中有着非常重要的地位。学会控制自己的最初不良情绪，把握自己的心理危机，就是一种对心理的自控能力。这本书通俗易懂，深入生活，把心理学理论与人们的日常生活相联系，对于人民大众了解生活中的自我心理颇具有实践的意义。

第二节 乐观和幸福

一、乐观

乐观不等同于快乐。快乐是指一种欢乐的情绪，也指某一时间段心情的愉悦程度。快乐在时间上是相对短暂的，而乐观则是一种积极的性格特征，一种生活态度，时间上是长久稳定的。乐观者是快乐的，但有人快乐时并不就意味着他是一个乐观者。

乐观者在无论什么情况下，即使遭遇最不幸的时候也保持良好的心态,不管遇到什么挫折或困难都能以积极向上的心态去面对。乐观者相信坏事情总会过去,相信阳光总会重现。乐观者的人生是微笑的人生。

乐观与悲观相对。它们的区别在于:

> 有一次,一名记者向英国的雄辩大师肖伯纳问道:“肖伯纳先生,请问乐观主义者和悲观主义者的差别何在?”肖伯纳回答道:“这还不简单!假定这里有一瓶只剩下一半的酒,看到这瓶酒的人如果高喊:‘太好了!还有一半。’这就是乐观主义者。如果悲叹:‘糟糕!只剩下一半了。’那就是悲观主义者。”

乐观者相信真善美的存在,总是笑口常开,“跌倒时也要笑笑”。而悲观的人再怎么笑都不是一个乐观者,虽然他们有时也会笑。

1. 乐观者成事

“老有所为”,乐观者一般都能成功。这是因为:

第一,乐观者对“所为”的目标表现出比较强烈的执着度和忠诚度。悲观者即便认为自己的目标是重要的,但仍无法保持对目标的执着,不相信目标一定能够实现。结果是悲观者很难一步步接近目标,而随时随地都会找个理由放弃。

第二,乐观者对“所为”拥有更高的成就动机。成就动机分为追求成功的动机和避免失败的动机。追求成功动机期待着成功带来的积极情感(如自豪感、自我满足),从而促使“所为”者朝向可能的成功而不断努力;避免失败的动机则是预期失败以后所体验到的消极情感(如沮丧),从而促使“所为”者向避免可能的失败而做出努力。

“乐观”并不等于不“悲观”。“老有所为”并非都是一帆风顺,“所为”者必须充分想到“所为”过程中的种种困难,让“所为”者头脑清醒,做更多的准备,以避免失败。这就叫“从最坏处着想,向最好处努力”,以确保成功。

第三,乐观者能够获得更多的资源。

乐观者拥有更高程度的自尊心理,不甘心失败,在遇到困难时,总会以积极的心态寻求社会支持系统,而且一般都能得到支持。乐观主义者更容易获得各种资源。

网络上流行这样一句话:“当你真心渴望某样东西时,整个宇宙都会联合起来帮助你。”这句话恰好凸显了乐观者成事的三个要素:一是目标——某样东西;二是动机——真心渴望;三是资源——整个宇宙都会联合起来帮助你。有了乐观的心态加持,“老有所为”何愁不成功哩!

2. 乐观者长寿

孔子曾经说他自己“乐以忘忧，不知老之将至”。这句话道出了人类长寿的一大关键要素——乐观。放下得失心，一切听任自然，笑口常开，这就是老人们的长寿法门。

据对农村长寿老人调查，他们一般都是乐天派。请看下面这位老人的故事：

> 山东文登老人董奶奶，早年丧子，中年丧偶，晚年丧女，一生经历很多不幸，但她始终用乐观心态面对一切变故。92岁高龄尚能独自操持家务。一年夏天，老人嫌鸟叫有些吵，竟然爬上树，把鸟窝端了下来，重新安置。

从重新安置鸟窝这件事情来看，董奶奶健康、乐观且不安分，是一位很可爱的老人。

医学研究表明，很多疾病都受到情绪的影响。情绪与健康之间存在很重要的关系。请看我国著名文学家文怀沙老人的故事：

> 文怀沙老人生病住院，专家给他全面检查后告诉他：肝癌晚期，最多能活两个月。然而文老却不相信这个结

论。他携夫人离开了家门，离开了北京。他完全忘却了面前的死亡之路，陶醉在祖国的大好河山之中，流连忘返。两个月的生存极限过去了，半年过去了，一年过去了，当两位老人回到北京，文老再去医院检查时，奇迹发生了，文老的肝癌病灶不见了！

显然，文老肝癌病愈与他的乐观心态有着至为密切的关系。科学家研究认为，人的疾病与寿命除了“生物模式”之外，还存在着“心理、社会医学模式”。长寿的秘密就是“快乐地生活”。

对于疾病，情绪好，有助于病情的改善，情绪坏，可以使病情恶化，原因就在于情绪不好可能引起或加重身体各器官功能失调。比如，悲伤或焦虑时会伴随脉搏加快、呼吸急促、血压血糖升高等症状发生。有人生了癌症，尚不知情时生活如常，知情后不多时间就死了，这不是活生生被“吓死”的吗？

据美国耶鲁大学公布的一项研究，在平均年龄 72 岁的 4 765 人当中，携带一种与痴呆相关的基因；但对老龄抱乐观态度的人，比携带这种基因但态度悲观的人患痴呆症的可能性要低 50%。芬兰赫尔辛基大学的研究表明，积极的思维方式和乐观的生活方式可使人的寿命延长 5 年至 10 年。研究还表明，悲观者可以通过训练形成健康的思维方式，让自己乐观起来。（老年朋友们，让我们以乐观的心态“返老还童”，做个“老顽童”,如何?)

二、幸福

从前,一个富人和一个穷人谈论什么是幸福。富人看着穷人破旧的茅屋和简朴的衣着,轻蔑地说:“这怎么能幸福?我有百间豪宅,千名奴仆,万两黄金,那才叫幸福哩!”后来一把大火把富人的豪宅烧得片瓦不存,痛恨他的奴仆们抢了他的财物,各奔东西。一夜间,富人沦为乞丐。一年夏天,这个乞丐经过穷人的茅屋,穷人端来一大碗凉水,问他:“你现在认为什么是幸福?”乞丐眼巴巴地说:“幸福就是此时你手中这碗水。”

这故事大概是虚构的,但它提出了一个问题:究竟什么是幸福?

什么是幸福?幸福有别于快乐。快乐的人不一定幸福,幸福的人也不总是那么快乐。幸福与乐观也有区别。乐观者未必幸福,有时甚至非常艰难,但他心态乐观,不把艰难放在心上。

那么究竟什么是幸福?对于什么是幸福,自古以来众说纷纭。有人说,幸福就是兴高采烈,开开心心;有人说,幸福就是平静和安宁;有人说幸福就是有人爱……如此莫衷一是。心理学家最后决定以个体的主观判断为标准来界定幸福,即个体根据自己的标准对其生活质量进行综合的评价。也就是说,自己觉得幸福就是幸福。这一观点得到了多数人的认同。

美国心理学家塞利格曼给出了一个幸福公式:

总幸福指数=先天遗传+后天环境+自我控制的心理能力

用符号表示,即

$$H=S+C+V$$

总幸福指数(H),指较为稳定的幸福感。主要包括个体对现实生活总的满意度和对自己生命质量的评价。具体说来有三个要素:先天遗传(S)、后天环境(C)和自我控制的心理能力(V)。

1. 先天遗传

心理学家研究指出,在感受幸福的天赋方面,人类祖先在遗传上存在着个体差异,这些幸福基因被选择性地遗传给后人们,所以现代人的平均幸福感依然存在着一定的个体差异。

荷兰阿姆斯特丹自由大学巴特尔斯教授和她的团队,对近30万人作DNA抽样调查并且衡量他们的幸福度。这项研究查看了含有遗传材料、对机体起决定作用的基因组,结果发现,基因组至少有20个地方与幸福相关。巴特尔斯指出，既然我们意识到人在遗传上各不相同，我们就可以开始采取比现在更具针对性的办法，让人们快乐、幸福。

2. 后天环境

巴特尔斯教授说，就算基因和幸福度有关，外部环境因素也可能影响这些基因如何表现自我。她关注的是二者的互动程度。

财富，尤其是财富的增加，与幸福只是低相关。最近半个世纪，发达国家的人均收入增加很多，但幸福感只增加一点点。美国的人均收入、国内生产总值居世界前列，但整体幸福感和积极享受生活的情绪却分别排在第16位和第26位。日本的经济水平比菲律宾高得多，但菲律宾人远比日本人幸福。中国农民的幸福度高于城市居民，最贫穷的人生活幸福感也不是特别差，只比中等收入的人稍微低一些。可见，“金钱只能买到有限的幸福”。

有人说，“人生真正的幸福和欢乐浸透在亲密无间的家庭关系中”。大体说来，婚姻与持久的幸福感有一定的关联。事实上，许多研究都证实家庭和婚姻满意度是幸福感最强的因素。为什么婚姻给人带来幸福感？一是婚姻伴侣比单身男女更具有心理上的优势；二是婚姻为人们提供了更好的心理和生理的亲密感。研究认为,结过婚的人比未结过婚的人更长寿。

3. 幸福习得

研究认为,幸福可以习得,能够自我控制。通过努力,可以提高幸福度。

(1) 学会喜欢自己,相信自己。我们必须有一个坚硬的盾牌,保护自己的心灵不被坏情绪所侵袭。我们必须始终相信自己的生活,诚恳地面对生活,才能获得真正的幸福。

(2) 积极改善人际关系。高质量的人际关系同幸福感息息相关,有爱有家有朋友,足以让你分享喜悦,化解忧伤。

(3) 关注自己的健康。有人把健康比作1,其他如财富、事业、爱情比作0,只有1存在时加其他上去,才会成为10、100、1000……如果健康不存在,其他再多,也只是0。健康不是一切,但失去健康就失去了一切。

(4) 有所爱好。不论你有什么样的爱好,但你总得有所爱好。有所爱好,精神才有所寄托,内心才会具有充实感。当然,你可不能有诸如吃、喝、嫖、赌之类的爱好啊!

亚里士多德说:"幸福意味着自我满足。"幸福源于我们内心的充实与宁静。"知足常乐",知足者幸福满满。

对老年人的幸福评价标准是多维的,包括自身成就、子女后代的成就及身体健康状况等方面。因此对老人幸福的评价应当从整体出发，力求全面而不片面。老人出于自尊的需要，常常和邻居、朋友进行幸福感的比较，这种比较应当全面而不片面，不要过分自负也不能妄自菲薄。

欧洲有篇童话，说幸福其实是一只不起眼的青鸟，而我们心中的幸福往往是光芒四射的孔雀。即使幸福来到你的面前，你还不认识它。老年朋友们，可不要身在福中不知福啊！

拓展阅读

积极心理学　由美国心理学家塞利格曼（Seligman）提出并倡导的一门新兴心理学科。它挑战了长期以来以研究心理疾病为主的消极心理学，倡导心理学的积极取向。积极心理学以研究人类积极的心理品质、关注人类的健康幸福为主要内容，试图以新的理念诠释心理学理论。积极心理学的研究对象是平均水平的普通人，它要求心理学家用一种开放的、欣赏性的眼光去看待人类的潜能、动机和能力。

《当代积极心理学》，刘翔平主编，中国轻工业出版社2010年出版。

第三节　理性的超越

一、感悟

哲学家说,人的认知有两个阶段:感性认知和理性认知。感性认知是一些直觉推理,即人们常说的“凭直觉”;理性认知就是逻辑书上所讲的那些推理。其实,感性和理性之间还有一个中间阶段:悟性认知。悟性的推理既有感性成分又有理性成分,是从感性认知到理性认知的过渡阶段。

例如:

歌德偶然翻开自己的孩子的纪念册,发现扉页上有这样一句话:“人生在这里有两分半钟的时间:一分钟微笑;一分钟叹息;半分钟爱,因为在爱这分钟里他死去了。”看到这里,歌德摇摇头,提起笔在下面写下这样一首小诗:

一个钟头有六十分钟,
一天就超过了一千。

小儿子，要知道这个道理，

人能够有多少贡献！

歌德和他小儿子的两段话，各有自己的感悟，包括许多推理，但是推理过程都不是清晰的。歌德的话还可以寻到一些依据：歌德为写诗体剧《浮士德》，前后共花费 60 年时间，既含感性成分又有理性思考，应当属于悟性推理。

悟性推理的公式为：

$$A_1, A_2, \cdots\cdots, A_n, \text{所以 } B$$

公式中“……”表示不清晰的部分。

悟性推理是人们日常思维中最常用的推理，即使逻辑学专家，他们的日常思维也离不开悟性推理。中国先贤们的著述似乎大多是悟性思维的产物。比如《论语》就是孔子的语录，只讲做什么，不讲“为什么”。老子《道德经》开篇第一句：“道可道，非常道；名可名，非常名。”对于什么是道，连说都不可说，又哪来严格的形式推理呢？他们的言论大部分应该是“悟”出来的。至于这些书的读者的认知，也同样是“悟”，是感悟，即通过悟性推理来理解的。

值得注意的是，悟性推理不仅是感性认知和理性认知的中间阶段，而且能够超越理性而达到更高的认知水平。宋代哲学家张载认为,悟性是一种直觉体悟宇宙本体的能力,可以达到“天人合一”“物我一体”的最高境界。比如,对下面这些事物的认知,似乎更多的是靠“悟”:

美。有句话说,我们无法定义美,但我们都能认出它。你觉得美,那就是美呗!天上飘着白云,山花烂漫,啾啾鸟鸣,你听不懂,看不懂,没关系,你已经感悟到它们的美,也就是悟性地认知了它们的美。

善。什么是善?什么样的人是善人?这也是说不清道不明的。我们知道什么行为是善行,什么人是善人,也是指感悟到他们是善人还是恶人。唐代杨敬之《赠项斯》诗云:“生平不解藏人善,到处逢人说项斯。”作者也是感悟到项斯的“善”,所以到处说项斯的好话。

情·爱。元代文学家元好问词云:“问世间,情为何物?直教生死相许!”究竟“情”为何物?这里的“情”即情爱,或曰“爱情”,是两性间一种崇高的精神境界,是人性开出的最美丽的花朵。鲁迅说:“无情未必真豪杰。”这里的“情”是指情感,亲情、友情的“情”。还有“人情冷暖,世态炎凉”等说法,说的也是一些感悟,而不是严格的形式推理。

快乐。快乐是心态也是脑态。快乐是脑态似乎有大脑神经系统理论可以证明,那么心态呢?“快乐”的语义解释是:快乐是一种精神上的愉悦,一种心灵上的满足,是从内心由内到外感受到一种非常舒服的感觉,比喻人的一种开心、高兴的状态。说到底,快乐是一种感悟。

幸福。至于幸福,心理学家明白无误地说,幸福就是以个体的主观判断为标准来界定幸福,即个体根据自己的标准对其生活质量进行综合的评价。也就是说,自己觉得幸福就是幸福,无需另外的解释。幸福是一种感悟,即通常所说的"感悟幸福"。

老人的感悟,由于饱经风霜的阅历,因而具有年轻人所不具有的深刻的意义。正是:"老骥思千里,飞鸿阅九州。""姜还是老的辣"啊。

二、平常心

平常心是一种心态。本来平常心是平常人都具有的心态,可是由于社会的复杂性使得平常人的心态变得"不平常"了。要重新获得平常心就得经过修炼,像圣贤、禅师们那样实现"悟"的超越。

"平常心"的含义有:

1. 不执着

一个和尚带着徒弟赶路,来到小河边,河水不深,可以蹚过去。和尚发现河边一个女子在哭，原来这女子不敢蹚水，于是和尚就把女子抱起来蹚过河去，然后继续赶路。跟在师傅后面的小和尚心里一直在想：和尚应该不近女色，师父怎么能抱着一个女人呢？他越想越想不通，终于忍不住问师父："你怎么这样呢？"师父说："哦，你说那个女人吧？我早就把她放下了，你还抱着吗？"本来帮助弱女子渡河是一件平常的事情，可是经过世俗熏陶过的小和尚却以为不平常。倒是经过修炼的师傅超越了自己，重新获得平常心，做了一件平常事。

2. 吃亏不计

"不怕物质匮乏，就怕心灵匮乏；不怕物质富有，就怕精神没有。"舍得付出，吃亏不计，就是富有的人生。"学习吃亏能养德"，有时吃点亏并不是坏事，你从吃亏中可以累积人生的经验，从吃亏中可以学会在处世中退让。尤其人与人相处，难免有所不公，而难就难在吃亏时不计较。不计较，这就是平常心。

3. 逆境不烦

人生难免会遇到坎坷和困境，只有用一颗平常心去看待，以平和的心态消除偏狭和狂傲之气，舍去浮躁和虚华，用平常心直面人生，人生才会淡定从容。好比竞赛的时候，总想战胜对手,其实要战胜对手,先要战胜自己,战胜自己就是不为环境所扰,不为杂念所困,不为顺逆所动,忘掉对手,忘掉胜负,以自然的心态对待。这便是平常心。

4. 老死不惧

平常心的最高境界是勘破生死。马祖道一卧病在床,禅院主持前来探望,问:"和尚这几天身体怎样?""日面佛,月面佛。"马祖回答道。日面佛寿命一千八百岁,月面佛的寿命只有一昼夜。懂得人生之道,不管百岁千岁抑或只是一个昼夜,都是有价值的一生。以平常心看待生死也就勘破了生死。一个人勘破了生死,自然也就没有什么能够让他烦恼的事情。

欧阳修说:"死生,天地之常理,畏者不可以苟免,贪者不可以苟得也。"死亡,人世间最伟大的平等。元稹诗云:"死是等闲生也得,拟将何事奈吾何。""等闲"即"平常"。一个人能把生死看成平常的事情,自然也就没有什么事情可以使他为难的了。所以,智者不畏死,不讳言死,不怕死神突然降临。坦然面对死亡,人生才是自由的。

5. 平平常常

仰山禅师度完暑天去看师父沩山。沩山问:"这个暑天,你做了些什么?"仰山回答:"我耕了一块地,播了一篮种子。""你这个暑天没有白过啊!”沩山赞赏地说。“不知老师暑天做了些什么?”仰山问。“白天吃饭,晚上睡觉。”“老师这个暑天也没有白过啊!”仰山也赞赏地说。“白天吃饭,晚上睡觉”也值得称赞,因为这是“平常心”啊!

“平常心是道。”这是南泉普愿禅师的名言。无门和尚曾为之作偈语云:“春有百花秋有月,夏有凉风冬有雪,若无闲事挂心头,天天都是好时节。”要修炼到这样的境界,绝不是一件容易的事情。保持一颗平常心,意味着不骄不躁,以出世之心,做入世之事。保持一颗平常心,意味着在现代紧张生活的压力下,才能有清代陈继儒在《小窗幽梦》里所说的“宠辱不惊,看庭前花开花落;去留无意,望天上云卷云舒”的那份自在!平常心应该是一种“常态”,是有一定修养后方可具有的,它属于一种维系终身的“处世哲学”。

三、难得糊涂

清代郑板桥曾借宿一位老儒家中,老儒自称“糊涂老人”。应老人之请,郑板桥写了一个四字条幅“难得糊涂”,并附几行小字:“聪明难,糊涂尤难,由聪明而转入糊涂更难。放一着,退一步,非图后来报也。”这幅字传播甚广,几乎无人不知。

那位“糊涂老人”难得糊涂,“糊涂”得让郑板桥感佩不已。

那么,怎样才算是"难得糊涂"呢?

1. 似愚而实智

这"难得糊涂"的"糊涂"并不是原始意义上的"糊涂",不是傻瓜,而是一种大聪明、大智慧,是人生的最高境界。

"难得糊涂"就是人们常说的"大智若愚"。"大智若愚"语本《老子》"大直若屈,大巧若拙,大辩若讷"。苏东坡《贺欧阳少师致仕启》云:"大勇若怯,大智如愚。""大智如愚"是成语"大智若愚"的直接源头。若(如)愚者似愚而非真愚。外智而内愚,实愚也;外愚而内智,大智也。外智者工于计巧,常好张扬,精明干练,吃不得半点亏;内智者外为糊涂之状,事事算大不算小,达观大度。明代吕坤说:"愚者人笑之,聪明者人疑之。聪明而愚,其大智也。"(《呻吟语》)大智若愚者,大智慧也。所以说,"聪明难,糊涂尤难"。

2. 低调

俗话说:"山外有山,人外有人;能者不露,露者不能。""难得糊涂"是一种低调生活。低调就是以平凡的心态确立自己的人生坐标,用平常心做平常事,既守原则,又不张扬,不事事较真;相反地,倒是有几分"糊涂"。低调是一种人生修炼,淡泊而宁静,一种很有品位的生活。

3. 宽容

“难得糊涂”,是老人“宽容、豁达”积极心理的体现。老人经历过风风雨雨,表现出宽宏大量的气度,能不计前嫌,并且以德报怨,这就是“宽容”。有宽容之心才会有豁达的气度和健康的心理,生活才会快乐、幸福。但是宽容并非无度,宽容的底线是不宽容坏人。坏人并非一定是强盗、囚犯,而是心理学所说的“反社会人格者”,亦即“无良”的人。他们不遵守社会规范,善于欺骗和操纵他人,做坏事而无罪恶感。对于这种人必须选择清晰性取向,坚决与之决绝。

4. 留有余地

宋代王令有诗:“终见乘桴去沧海,好留余地许相依。”是成语“留有余地”的出处,比喻说话做事不走极端,留有回旋的余地。从前民间宅院多有后门,后门对联为“前程远大,后地宽宏”。“留有余地”其实是一种处世方略,“放一着,退一步”,“后地宽宏”。老人们经历过许多风雨,自然懂得郑板桥所说的“放一着,退一步,非图后来报也”的含义。

5. 大事不糊涂

“难得糊涂”是思维在矛盾中求协调的一种选择——模糊

性取向。在需要的时候,“难得糊涂”之人完全可能有另一种选择——清晰性取向。历史上的“吕端大事不糊涂”就是实例。

北宋名相吕端初任参知政事(副宰相)时,有一次,他从文武百官前面经过,一个小官由于平时听多了吕端“糊涂”的传闻,以不屑的口吻说,他也配当参知政事?吕端的随行人员认为是恶意攻击,要查问那个人是谁。吕端制止说,你查问了,我就记住了他。我不会着意地报复他,但如果有什么事撞到我手里,想公正也很难啊!这是吕端在矛盾中求协调的模糊性取向。公元997年,宋太宗病逝,宦官王继恩串通皇后图谋立另一个王子为君。吕端知道局势可能有变,果断地把王继恩软禁起来,然后入宫晋见皇后,力保太子继位。宋真宗登基时,垂帘接受群臣朝拜。吕端平立殿下不拜,先让人卷帘,走过去确认是太子后才率群臣拜呼万岁,确保了大宋最高权力的顺利交接。这是吕端在矛盾中求协调的清晰取向。这年,他63岁。“吕端大事不糊涂”,一直为后人所称道。

拓展阅读

非形式逻辑 从严格意义上说,应该叫“非形式化逻辑”。因为逻辑都是研究形式的,非形式化逻辑也有简单的形式,但没有形式化。如悟性推理的逻辑。其他如论辩理论、谬误理论、修辞学、辩证法等。

第七章　老有所养

老吾老，以及人之老；幼吾幼，以及人之幼。

——孟子

第一节　外部条件

一、国家

20世纪90年代以来，中国的老龄化进程加快。目前中国人口已经进入老年型阶段。同时，老年人口高龄化趋势日益明显。80岁以上高龄老人正以每年100万人的速度递增。中国社会老龄化速度之快、规模之大，在全世界范围没有先例。

中国政府高度重视中国社会的老龄化情势，积极发展老龄事业，初步形成了政府主导、社会参与、全民关怀的发展老龄事业的格局，把老龄事业明确纳入经济社会发展的总体规划和可持续发展战略。目前,城市初步建立了养老保险制度和包括老年人在内的医疗保险制度,以及居民最低生活保障制度;农村实行以土地保障为基础的“家庭养老为主与社会扶持相结合”的养老保障制度。许多地方还对救助贫困老年人和高龄老年人采取了特殊的措施。

习近平在党的十九大报告中明确指出:“积极应对老龄化,构建养老、孝老、敬老政策体系和社会环境,推进医养结合,加快老龄事业和产业发展。”“老有所养”是实施健康中国战略的内容之一。

对于“老有所养”,各级地方政府积极作为,为老人们做了许许多多堪称“功德”的事。

据报载,福建省委和省政府高度重视老龄工作,出台一系列惠及老年人的政策,全省老龄事业取得长足发展,一幅“最美不过夕阳红”的和谐画卷正徐徐展开。摘要如下:

> 近年来,为让老年人安享晚年,福建省各级党委、政府编织保障网,撑起“保护伞”,社会保障体系逐步健全。全省实现城乡居民社会养老保险制度全覆盖,企业退休人员基本养老金实现十一连涨,城乡居民基础养老金最低标准第三次提高。全省老年人基本实现人人享有基本医疗,65岁以上老年人健康档案管理率先实现全覆盖。医疗费用

报销比例不断提高。

养老服务水平不断提升。每个城市社区建立一个居家养老服务站。居家养老服务逐步向农村延伸。以居家为基础、社区为依托、机构为补充的多层次养老服务体系正逐步形成。

老年精神文化生活日趋丰富。全省各类老年大学(学校)建校率和老年人参学率均居全国前列。70周岁及以上老年人免费乘坐城市公交汽车政策全面落实。

老年权益保障得到加强。形成以法律援助机构为主导,社会团体、乡镇(街道)法律援助站积极参与,上下一致、纵横协调的老年人法律援助工作服务网络。

老有所乐,发挥余热。随着保障体系逐步完善,老年人幸福指数逐步提高,参与社会管理积极性不断提高。

越来越多社工和志愿者走进养老院、社区居家养老站,为老人们提供心理疏导、关怀和陪伴。越来越多社区引入专业养老服务组织为老人提供更接地气、更人性化的服务,打造“不离亲”“不离家”“不离群”的居家养老生活圈。

随着社会养老保障体系逐步健全、养老服务体系日益完善、敬老氛围日益浓厚,幸福的笑容绽放在越来越多老人的脸上。

“福建的老人真幸福!”来自青海格尔木民政部门及30多个街道社区负责人一行边参观边感叹。

老有所养,就是在人们进入老年后,不能自己解决生活问题的情况下,能够得到家庭、社会的赡养,帮助进入老龄阶段、丧失劳动能力或者超过退休年龄而无法工作的人们顺利度过晚年。

老有所养,给生命以岁月,给岁月以生命,使生命更有价值,让老年人树立自信、自尊、自爱、自立、自强的意识,彰显老有所为、老有所用、老有所成、老有所享、老有所乐的追求,对于老年人安度晚年具有非凡的意义。

老有所养,就是让老年人安养乐活。所谓“安养”,即内安其心,外安其身;“乐活”即身心快乐,健康长寿。

“家家有老人,人人都会老。”老有所养,是一项万古长青的事业。

二、社会

老有所养是中华民族的传统美德,是全社会的共同责任。

孔子在《礼记·礼运》篇中说过一段关于“世界大同”的有名的话:

> 大道之行也，天下为公。选贤与能，讲信修睦。故人不独亲其亲，不独子其子。使老有所终，壮有所用，幼有所长，矜寡孤独废疾者，皆有所养。男有分，女有归。货恶其弃于地也，不必藏于己（人们厌恶把钱物丢在地上，也不愿拾起来归自己）。力恶其不出于身也，不必为己（厌恶自己不出力，也不让别人为自己出力）。是故谋闭而不兴（杜绝了各种不良图谋），盗窃乱贼而不做（没有人去做盗贼），故外户而不闭（夜不闭户）。是谓大同。

孔子的意思是说，老有所养是大同社会的一个标准：人老了都能够得到儿孙或社会的抚养和关爱。

《孟子·梁惠王》篇中孟子见梁惠王时，说了这样一段话：

> 五亩之宅，树之以桑，五十者可以衣帛矣。鸡豚狗彘之畜，无失其时，七十者可以食肉矣。百亩之田，勿夺其时，数口之家可以无饥矣。谨庠序之教，申之以孝悌之义，颁白者不负戴于道路矣。（庠序，学校；颁白，斑白。负戴，负重。）

孟子这段话说的是，自有人类社会以来，执政者必须重视社会保障问题，即做到老有所养，幼有所教，以及解决老百姓的温饱问题。

爱老助老不仅是一个家庭传承的家风，也是社会的责任。在全社会形成尊老敬老的良好风尚，就要发展社会养老事业，让老人们安养乐活，让孝亲敬老在社会上蔚然成风。

当前，社会养老主要有三种形式：

1. 养老院

如何让老年人的晚年过得开心，子女顺心，住养老院是非常不错的选择。这是因为：

（1）能让老人享受到良好的服务。养老院24小时大夫值班，老人居能安身，医能治病，解除了老人最关注的两大问题，也让子女无后顾之忧。

（2）能让老人过上有规律的生活。老人吃得好、睡得好，精神自然也好。

（3）让老人有时间干自己喜欢干的事情。比如96岁高龄的著名话剧演员叶子的高超画艺，就是80岁以后住到养老院后练就的。

（4）能让老人结识一批新朋友。大家都是同龄人，没有代沟问题，容易形成新的朋友圈。

2. 商业化养老机构

我国的公立养老院数量有限，想住进去但是排不上队，很多人会选择一些私人的养老机构，费用自然要比公立养老院高得多，但它会提供更加完善的服务。能进入这种机构的老年人一般经济条件都不太差，但是值得注意的是，如今各类社会养老机构鱼龙混杂，选择之前一定要作认真的考察。

3. 社区居家养老

这里所说的居家养老不同于传统的家庭养老，而是指以家庭为核心、以社区为依托、以专业化服务为依靠，为居住在家的老年人提供以解决日常生活困难为主要内容的社会化服务。服务内容包括生活照料与医疗服务，以及精神关爱服务。社区居家养老，目前还处在起步阶段。

老人居家养老，有的请保姆来家中照料老人生活。由于当前尚缺乏完善的监管机构来规范保姆市场，导致其中侵害老年人权益事件屡有发生，其中严重者已涉及刑事犯罪。

社会养老还有其他方式，如依靠养老金、退休金养老，以房养老，投资理财养老，以及抱团养老，等等。

由于我国社会保障体系还不完善，养老一直都是老年人关心的话题。关于如何养老这个问题，答案也是五花八门。老年朋友们，选择哪种养老方式可是关系到你的“老有所养”的大事情哦！

三、家庭

孝道是中华民族传统道德准则之一,历史上传说的孝子故事颇多,比如"香九龄,能温席","老莱七十舞斑衣"。东汉黄香九岁丧母,夏天为父亲扇凉枕席;冬天用自己的体温为父亲温暖被褥。春秋战国时期的老莱子,七十岁还常常穿着五彩衣,摇着拨浪鼓,在父母面前作孩子般戏耍,让父母开心。这样的故事世代流传,深入民间。

在中国,孝道文化是关爱父母长辈、尊老敬老的一种传统文化。作为社会的基本道德规范,孝道一般是指社会要求子女对父母应尽的义务,包括尊敬、关爱、赡养老人,为父母长辈养老送终,等等。"百善孝为先",是孝道伦理在人们日常生活中的一句箴言,父母养育了子女,子女就必须赡养老年的父母,否则将受到道德舆论的谴责。

"家庭养老"是传统孝道文化的养老方式,是中国传统道德强大内在力的必然结果。中国人提倡尊老爱幼,在全社会形成养老尊老的风气,家庭养老,自古以来被认为是子女一种理所当然、责无旁贷的义务。"家庭养老"通常被解读为由子女供养。

"养儿防老",是中国传统养老方式的基本特征,传统家庭一般通过生养子女来解决他们的养老问题。用现代社会保障的观点来看，生育和抚养子女的花费，可以被看成是父母为将来养老而缴纳的保障基金。这笔基金随着子女年龄的增长在逐年缴纳和积累，在子女的逐步成长中得以保值和增值。当父母老年丧失劳动能力时，当子女成年进入劳动年龄时，原先所缴纳的养老保障金就开始给付了，直至父母去世。从传统家庭的角度看，这种养老基金的缴纳、积累、增值及给付，是一个十分自然的“天经地义”的过程。

1. 家庭养老的优势

家庭养老有三个优势：

（1）生活有亲人照料

家庭与老年人的关系是非常密切的，对于中国老年人，尤其如此。家庭是老年人用毕生精力经营的成果，保留了老年人整个生命历程的印记，使老年人感到安全和对亲情需求的满足。“家”，这个词强调了父母和子女之间的相互依存。那些丧失劳动能力的老人，生活由亲人照料，会特别感到温馨。同时老人也可以适当帮助子女料理一些家务，适当辅导孙儿孙女的功课。“家”保证社会的延续和家庭成员之间的合作，家庭成员之间并不计较经济贡献上的平等，不存在主仆或雇佣的关系。

（2）给予老人精神慰藉

“家有一老，如有一宝。”在家庭中，老人拥有最受崇敬的地位,也是最需要保护的对象,老人从小辈身上获得更多的情感慰藉。儿女孝顺,“含饴弄孙”,是老年人晚年生活的最高理想和最大的精神寄托,是老人晚年幸福生活的象征。天伦之乐无可替代。

(3) 家庭养老降低社会成本

与社会养老相比,家庭养老是把这个社会的养老负担换成了由子女负担。

2. 存在的问题

由于某些社会原因,目前家庭养老存在一些问题,主要有两点:

(1) 子女不堪重负

在社会经济高速发展的过程中,传统意义上的家庭受到巨大冲击,家庭功能弱化。现在子女数量减少,大多不在身边;子女自己的事业压力很大;子女还要养育自己的子女。子女自顾不暇,哪来的时间和精力照管老人?面对上有老、下有小的生活压力时,子女往往力不从心。中国第一代独生子女的父母也已步入老年期。“421”家庭模式(四个老人,一双父母,一个孩子)作为中国今后几十年的主流家庭模式,是一个风险型的家庭架构,对养老而言更是如此。独生子女的现实使中国父母早早步入空巢期,“家庭养老”传统难以为继。

（2）子女孝道观念淡化

改革开放以来，中国社会发生了重大变革，公民个体的价值观发生了巨大变化，从而动摇了传统家庭伦理的基础。年轻一代孝道观念淡薄，产生了对小家庭的偏好，导致家庭养老功能的弱化。古人所谓“多子多福”，如今即使多子也未必多福。一些多子女家庭中不缺“白眼狼”，完全不念及父母养育之恩，拒绝赡养父母，甚至因之被父母告上法庭。

老有所养，以及家庭养老拥有法律保障。中华人民共和国第一部《宪法》就明确规定：“子女对父母有赡养、扶助的义务。”《中华人民共和国老年人权益保障法》更有具体的规定。例如：“赡养人应当履行对老年人经济上供养、生活上照料和精神上慰藉的义务，照顾老年人的特殊需要。”“对生活不能自理的老年人，赡养人应当承担照料的责任；不能亲自照料的，可以按照老年人的意愿委托他人或者养老机构等照料。”“赡养人不履行赡养义务，老年人有要求赡养人付给赡养费等权利。”如此等等。

拓展阅读

外国人怎样养老？

日本人退而不休。日本老龄化程度世界第一，劳动力不足，鼓励老人发挥余热。同时政府推出看护保险，为那些生活不能自理的老人提供完善的服务。

德国社区养老成主流。

新加坡老人孩子一起养。将托老所和托儿所结合在一起,每天由年轻的夫妇将老人和幼儿一起送到这里。

美国老人喜欢公寓养老。一般的老年公寓有多个单元房,只租给55岁以上的老年人。

英国社区养老。英国将养老问题纳入社区,对老年人采取了社区照顾的模式。

丹麦自助养老。在自助养老社区,老人们可以做自己喜欢做的事,还可共同租用特别的照料服务。

第二节　自我认知

一、长寿之谜

似乎人们都希望长寿,羡慕那些“寿星”。

在我国传说的寿星中,彭祖活了八百岁,是最长寿的老人。他是否真活了八百岁?这令人难以置信,更难考证。不过,根据《国语》和《史记》的记载，彭祖确有其人，而且以长寿著称。晋代医学家葛洪撰写的《神仙传》中还特别为彭祖立传。书中说彭祖在殷末时已活过七百岁不老，殷王特请他介绍长寿之道。

不过寿星倒真是有的，民间活过百岁的人，人们就称他“老寿星”。清朝末年到民国初年的中医药学者李庆远（1677—1933）就是世界上著名的“寿星”，据传享年256岁。

人们期望长寿。每当有人过生日的时候，客人总是祝他“长命百岁”。随着经济生活的改善和医学的发展，如今百岁老人已经不稀奇了。（祝人家“长命百岁”也就失去了意义了。）那么，人的寿命究竟能有多长？会不会越活越长，活到长生不死，像神仙那样呢？这是不是想入非非呢？

如果是以前，连研究长寿的科学家们也会认为“长生不死”的想法是想入非非。因为人的身体就像一辆汽车，只要天天上路早晚会抛锚。

可是如今情况不同了，“长生不老”倒是真有可能。最早产生这一想法的是奥地利物理学家薛定谔。他把“熵”的概念（“熵”是一种无序程度的量度，意思是越混乱越无规律熵值就越大，反之熵值越小。）引入生命科学，指出生命和非生命的最大区别就是如何应对熵增原理。汽车无法依靠自己的力量对抗熵的增加，最终化为一堆铁锈，但生命会主动从环境中获得能量来对抗熵的增加，只要能量供应不断，理论上是有可能长生不死的。

近来以色列学者尤瓦尔·赫拉利出版了一本畅销书《未来简史》。作者说,几千年来,人类经历了一场噩梦,遭遇三大灾难:饥荒、瘟疫和战争。然而在21世纪开始的时候,人们从噩梦中醒来,发现我们已经成功地遏止了三大灾难。接下来的目标可能就是长生不死、幸福快乐和化身为神。作者认为,人类死亡只有一个原因:人体运行出了技术问题,技术出问题总会有技术上的解决方案。已经有越来越多的科学家和思想家公开表示,现代科学的重要任务就是要战胜死亡,赋予人类永恒的青春。人类将成为地球的神,长生不死。

我们不禁要问:人类果真能像神仙一样长生不死吗?当然这只是一位学者对于人类未来的一种科学假说,它的真理性程度,只能有待于社会实践的验证。

然而,似乎更多的人还是认为人的死亡具有必然性,"长生不死"只不过是人们的一种愿望与想象而已。持这种观点的人是这样理解的:

从哲学上看,生命的实质就是生与死的对立统一,生是生命的开端和延续,死是生命的结束。没有生无所谓死,没有死无所谓生,人类就是这样生生死死、一代一代地繁衍下来的。生命总是和它的必然结果——死亡联系在一起的。

从生理上看,人类的死亡是构成人体的器官的衰竭,导致整体运行的终止。

从生物演化看,人的死亡是众多其他种类生物的死亡的一部分。生物个体的死亡是为这种生物的新个体的生存留出空间,为这种生物的演化做出贡献,没有新个体的诞生,这个物种的进化就会停止,最终会被淘汰。所以人类个体的死亡是整个生物演化形成的众多规律的一种规律。

总之,关于人的寿夭生死,目前还是个谜!

不过,当前的老年人并不那么关心长生不死的问题,而是延年益寿。“长生”这个词有两个含义:一是长寿;二是永生。在这一点上,实践已经给了肯定的答案:中国的老人们将越活越年轻,“长命百岁”,幸福快乐。至于“永生”,那是将来人的事!

二、养生之道

说起养生,很多人都有误解,以为吃冬虫夏草、人参等滋补品才叫养生。当然不是。养生之道多着哩!

说起养生,有的人会想到道家的炼丹术。“炼丹”是古代方士的术语,也是道教的法术之一。“丹”即丹砂,将丹砂放入炉中冶炼,称为炼丹。“炼丹术”是古人为求长生而炼制丹药的方术。据史书记载,春秋战国时期就有方士向楚王进献“不老之药”，即丹药。晋代葛洪是中国古代最有名的炼丹家之一，杜甫有诗云：“浊酒怀陶令，丹砂访葛洪。”李白也有诗云：“闻说神仙晋葛洪。”

然而也并非道家养生都主张服食长生不老的“灵丹妙药”。宋末元初道士丘处机，元太祖成吉思汗听说他懂得养生修炼之术，派使者去请他。丘处机带领十八名弟子，走了一万多里路，到达雪山，朝见成吉思汗于西征的营帐中。当成吉思汗问及长生之道，丘处机仅告之以“清心寡欲为要”。看来养生学的纲领，恐怕就在于“清心寡欲”这四个字了。

然而，“清心寡欲”这四个字未免过于简单。修炼成仙本是道家的想法，丘处机为什么没有说到炼丹术呢？大概因为服食丹药的效果并不那么理想吧！据说道士冶炼的丹药，少量服用可使精神振作，像喝醉酒一样，有“飘飘欲仙”的感觉；服用过量便会中毒死亡。《红楼梦》里的贾敬就是服食丹药过量中毒而死的。

宋代欧阳修曾在一篇文章里说：“自古有道无仙，而后世之人知有道而不行其道；不知无仙而妄学仙。此我之所哀也。”他说：“道者，自然之道也。生而必死，亦自然之理也。以自然之道，养自然之生，不自戕贼夭阏，而尽其天年，此自古圣智之所同也。”（戕：伤害。夭：折。阏：阻塞。夭阏：受阻塞而中断。）

欧阳修所说的“以自然之道，养自然之生”，乃儒家的养生观。孔子说“大德必得其寿”，“仁者寿”。孟子说：“善养浩然之气。”唐代神医孙思邈说：“性既自善，内外百病皆不悉生；祸乱灾害亦无由作，此养生之大经也。”清代养生家石天基说：“善养生者，当以德行为主，而以调养为佐。”所谓“以德行养生”也就是自然养生。德行完满，觉悟到人生的意义和价值，看破名利生死，摒弃一切人间俗虑，自然气定神闲，心宽体健，进入一种自由、圆融的境界，一切都自然而然，还需要服用什么滋补品或者“灵丹妙药”吗？“养生”就是“养心”，即“修真养性”，人们如果具备良好的品德和渊博的学识，无形中就会获得一个心理免疫系统，它会紧紧地维系着身体的健康与长寿。丘处机所说的“清心寡欲为要”，也是这个道理。

欧阳修在文章中还说：“劳其行者长年，安其乐者短命。……此所谓‘以自然之道，养自然之生’。”比如农村的劳动者，长年从事农业劳动，身体都很健康。（“安其乐者短命”，指非劳动者。）广东省阳江市百岁老人回答记者“长寿秘诀”时说：“好心态就是‘秘诀’。”

俗话说：“山中自有千年树，世上难逢百岁人。”记者采访中发现，阳江市219名百岁老人的共同之处是：

1. 作息十分规律。

2. 劳作有度。

3. 性格豁达，乐善好施。

4. 对新生事物充满兴趣、爱好。

5. 坚持劳动。田间劳动或者家务劳动，都具有锻炼体质的意义。

6. 儿女孝顺，家庭和睦，尽享天伦之乐。

这不就是“以自然之道，养自然之生”吗！

三、心理保健

1. “健康”和“心理健康”概念

什么是健康？人们有一个认知的过程。早先，人们以为“不生病”就是健康。20世纪以来，随着影响人类健康的各种社会及环境因素发生了重大变化，人们对健康的认识有了质的飞跃。世界卫生组织提出新的“健康”概念，即健康指在身体上、心理上和社会上的完满状态，而不仅仅指没有疾病和身体的虚弱状态。这种新的健康观强调健康由“生理—心理—社会”三个部分构成，而不只是“不生病”。到了20世纪90年代，“健康”的含义加进了“环境”因素，即健康为“生理—心理—社会—环境”四者的和谐统一。进入21世纪,“健、康、智、乐、美、德”六个字组成了“大健康”概念,这是幸福人生的最佳境界。

世界卫生组织指出,影响人类健康长寿的因素中,自我保健占60%,遗传基因占15%,社会因素占10%,医疗条件占8%,气候条件占7%。

什么是心理健康?1946年国际心理卫生大会提出,心理健康是指,“身体、智力、情绪协调;适应环境,在人际交往中能彼此谦让;有幸福感;在工作和职业中能充分发挥自身的能力,过有效的生活”。一般可以理解为一种高效而满意的持续的心理状态。说得具体一些,心理健康是指基本心理活动的过程内容完整、协调一致,即认识、情感、意志、行为、人格完全协调,能适应环境,与社会保持同步。

2. 心理健康的标准

美国心理学家马斯洛提出心理健康十大标准:(1)充分的安全感;(2)充分地了解自己,并对自己的能力作适当的估价;(3)生活目标切合实际;(4)不脱离现实环境;(5)保持人格的完整与和谐;(6)善于从经验中学习;(7)保持良好的人际关系;(8)适度地发泄情绪和控制情绪;(9)在不妨碍集体利益的前提下,有限度地发挥才能与爱好;(10)在不违背社会道德规范下,个人需求得到基本满足。

我国学者也曾建立一些心理健康标准,诸如个性和智力标准,情绪标准,社会交往能力、人际关系、心理控制及康复能力、环境适应能力等标准,只是不及马斯洛的“十大标准”影响深远。

3. 老年人常见的心理偏差

(1) 固执。男性尤甚。比如,以自我为中心,认为自己所说所为都是对的;很难接受新知识、新观念。常有人称他们为“老顽固”“倔老头”。

(2) 自卑。常常哀叹“我老啦,不中用啦! 跟不上时代啦!”自卑感往往使得老人自我否定、自我封闭,感到寂寞和孤独。有的老人因为自尊心受到挑战,转而自卑。

(3) 焦虑。比如,健康出现问题、经济状况不好、家庭关系不和谐等,都会引起老人的焦虑。严重的即为焦虑症。

(4) 恐惧。因为社会进入信息时代,有的老人感到自己学习不了,为无法适应新环境而感到恐惧。有的则因为疾病而感到死亡的恐惧。

4. 老年期的心理调适

(1) 读书解惑。读书明理,常读书的人具有较高的认知储备,书本会解答他们遭遇的困惑,克服心理偏差。北京大学哲学系教授以长寿闻名。据网文介绍,90 岁以上有 10 多人,85 岁以上的 20 多人。原因似与学哲学、教哲学有关。此外,读书不仅能促进心理健康,甚至对身体健康也有好处。读书和思考对大脑的刺激会促使神经突触变得丰富,延缓衰老过程。

(2) 心理宣泄。老人的这些心理偏差都是些不良情绪,不要窝在心里,应当想办法宣泄出来。一是自我劝导,自我解脱,学会换一个角度思考问题;二是借助他人进行情绪“释放”,比如,找自己的同学、同事、知心朋友倾诉,或者大哭一场,把心里的郁闷宣泄出来,会顿感轻松。

(3) 自我控制。自我控制是指个体相信依靠自己可以完成某事的程度。有高自我控制感的人相信事情的成败取决于自己,而低自我控制感的人则认为完成某事更多地受到外在力量的影响。自我控制具有多维性,一般情况下老年人既承认外界对其行为的重要影响,同时也相信自己能够掌控一些事情。

幸福感的产生并不因为你能得到什么,而是你能控制什么。所以人们常说:“成为自己的主人才是幸福的。”

(4) 融入社会。积极参加社会活动,把有字之书获得的知识与无字之书的社会实践结合起来。社会是个大熔炉,可以陶冶情操,铸造灵魂,消解心理偏差于无形之中。

拓展阅读

阅读参考

《进化心理学》,〔美〕戴维·巴斯著,张勇、蒋柯译,商务印书馆2016年出版。

《未来简史》,〔以色列〕尤瓦尔·赫拉利著,林俊宏译,中信出版社2017年出版。

第三节 “条件”的那些话儿

一、外部条件和内部条件

哲学书上说,事物的发展变化有外部原因和内部原因,或者说成外部条件和内部条件。“老有所养”既要有外部条件,又要有内部条件。国家的政策、社会的养老机构和传统的家庭养老方式,都属于外部条件;自我认知,亦即“自养”,则属于内部条件,或曰内因。

哲学书又说,内因是事物发展的根本原因,外因是事物发展的第二位原因。外因是变化的条件,内因是变化的根据,外因通过内因而起作用。“老有所养”的含义似乎是指外部条件，即国家、社会和家庭为老人创造的养老条件，比如国家的养老政策，社会福利保障，家庭养老的法律保障，等等；但这些都还是老人们晚年生活幸福的外部条件，即外因；只有老人自己的认知和抉择，才是决定老人晚年生活的最后的决定性原因，即内因；外因通过内因而起作用。

电视剧《我们的爱》结局的情节是这样的：

> 齐大妈(潘虹饰)是一位退休音乐老师，在家庭矛盾一一解决之后失踪了。亲友们寻找了几天之后，在一家养老院里找到了齐大妈，她正教一群老年朋友唱歌哩！

剧中的齐大妈发现自己得了不治之症，她选择住养老院，所表现出的正是天下大多数父母的想法：“最大的愿望，就是不要成为孩子的负担。”在她意识清醒的时候，以不给孩子增加负担为准则，为女儿贡献出了自己最后的能量——房子动迁的补偿款（她完全可以要回迁房给自己养老，但是她没有，因为她觉得自己的病情已经无法自己照顾自己，而给孩子添麻烦她是打死也不愿意的）；女儿婚姻出现了问题，母亲支撑起了那个支离破碎的家庭，承担起照顾外孙女的重任，说到底还是为了不成熟的女儿；直到她看到自己女儿历练成长了，且最终和女婿破镜重圆,她才放心地离开了他们。(她相信经历了磨难的小夫妻俩可以过好未来的人生岁月。)

这些,就是齐大妈决定住养老院的内在原因,或曰内部条件。(电视剧固然不等同于事实,但是艺术可是源于生活而又高于生活哦!)

二、充分条件和必要条件

什么是充分条件?充分条件就是:如果有A就必然有B;如果没有A,是否有B不能确定(即可能有B,也可能没有B)。这样,A就是B的充分条件(足够的条件)。例如,“地冻”对于“天寒”来说,就是一个充分条件。只要地冻,天气必然很冷;地不冻呢?可能冷可能不冷。

在日常生活中,人们表达充分条件最为常用的句子形式是“如果”句。例如:

如果地冻,那么天寒。

公式写成:

如果A,那么B

“如果,那么”称为联接项,即把 A 和 B 联结起来。当然“如果”句还可以有其他句子形式。如:

只要有口气,我就会干到底。

要是人长生不死,那我就能学到好多好多知识。

还有“假如……就……”“倘若……就……”“当……便……”等。这些不同的句式所表达的都是“如果……那么……”的意思,即充分条件。为了简单、明白,我们统统称之为“如果”句。

什么是必要条件呢?必要条件就是:如果没有 A 就必然没有 B;而有了 A,却未必有 B(可以有 B,也可以没有 B)。这样,A 就是 B 的必要条件。换句话说,对于 B 的存在而言,A 的存在是必不可少的,即必要条件(不可缺少的条件)。例如,人老了是住养老院的必要条件,但人老了,并不一定住进养老院。

在日常生活中,人们表达必要条件最为常用的句子形式是“只有”句。例如:

只有人老了,才能住进养老院。

公式写成:

只有 A,才 B

当然,还可以有其他句子形式。如:"必须……才……"(必须是老人,才能住养老院。)"除非……才……"(除非你认错,我才会原谅你。)等。这些不同句式所表达的都是"只有……才……"的意思,即必要条件,我们统统称之为"只有"句。

"如果"句可以转化为"只有"句,反之亦然。例如:

如果地冻,那么天寒。

转换为:

只有天寒,才地冻。

也就是说,这两个句子同真同假,即等值。公式为:

(如果 A 那么 B)等值于(只有 B 才 A)

这就是说,A 是 B 的充分条件,B 就是 A 的必要条件。它们的意义是相等的。同样:"只有"句"只有人老了,才能住进养老院"可以转换为"如果"句:

如果你住进养老院,那么你老了。

公式是:

(只有 A 才 B)等值于(如果 B 那么 A)

我们把“只有”句化归为“如果”句,在逻辑运算时有了“如果”句,就可以不再使用“只有”句,这样会带来更多的方便。

三、“条件”的推论

“如果句”本身就是个推理。“如果”句由于前件(A)是后件(B)的充分条件,肯定前件就可以肯定后件,推出结论。例如:

如果地冻,那么天寒。现在地结冰了,所以天很冷。

由于前件“地冻”是后件“天寒”的充分条件,现在“地结冰了”,肯定前件,因此推出“天很冷”的结论。只要“如果”句是真的,推出的结论就必然是真的。公式就是:

如果 A 那么 B,并且 A,所以 B

这也是推理的总公式,“所以”就是“那么”。

所有推理都可以化归“如果”式。例如,“只有”句的推理,由于“只有 A 才 B”等值于“如果 B 那么 A”,“只有”句“只有

你老了(A),才能住进养老院(B)”可以有以下推理:

如果你住进养老院,那么你老了。你住进了养老院,所以你老了。

可以记为:

如果B那么A,并且B,所以A

“或者”的推理:“我参加合唱队或者参加舞蹈队。”(A或者B)“我不参加舞蹈队。”(非B)“所以,我参加合唱队。”(所以A)可以化归为:

如果A或者B,并且非B,所以A

归纳推理“鸡生蛋,鸭生蛋,天鹅生蛋,燕子生蛋,老鹰生蛋”为前提,推出“鸟都生蛋”,化归为:

如果A_1是B并且A_2是B并且……并且A_n是B,那么A是B

并且(A_1是B并且A_2是B并且……并且A_n是B)

所以A是B

类比推理“不用担心你儿子考不上大学。(因为)我儿子和你儿子学习差不多。去年我儿子考上了浙大。你担心什么?”化归为:

$$\text{如果 A 相似 B，并且 } A_i\text{，所以 } B_i$$

“如果”就是推理。记住这句话，全部逻辑的奥妙都在这里。

应当说明的是，归纳和类比推理的“如果”式不具有必然为真的性质，这是因为前提的非必然性导致不能确保结论的真实性。这里涉及前提内容真与否，而不是逻辑形式问题。

拓展阅读

“如果”和蕴涵

在数理逻辑里，“蕴涵”是二元命题联结词，用“→”表示，蕴涵式为“p→q”，读作“如果 p 那么 q”或“p 蕴涵 q”。蕴涵有多种，这里所说的“如果”，仅仅是从“如果”句的前件是后件的充分条件、前件真后件必然为真的意义上，从前件真推出后件为真的。这是最实用也最简单的一种蕴涵。

第八章　老有所爱

没有爱的生活不是生活，而是生存。

——高尔基

第一节　亲　爱

一、“血浓于水”

亲情是基于血缘或婚姻关系的一种情感。亲情崇高无比，有人说，亲情是相伴终生的“天下第一情”。“血浓于水”，亲情最经得起风吹雨打，烈火冶炼，也最能承受时空的考验。有人说，亲情是永久的付出，是一种可以感受责任，而后将责任变为习惯的无私。

父亲和母亲之爱子女有所不同。一般地说，父爱是有条件的：“我爱你，因为你符合我的要求。”而母爱则是无条件的，所以母爱更加伟大。唐代诗人孟郊有诗云：

慈母手中线，游子身上衣。
临行密密缝，意恐迟迟归。
谁言寸草心，报得三春晖。

差不多家喻户晓，连儿童都会背诵。

从前儿童“破蒙”学的第一本书是《三字经》，其中“昔孟母，择邻处，子不学，断机杼”的记载，也是蒙童最早受到教育的故事：

孟子三岁时父亲去世，由母亲一手抚养长大。孟子小时候很贪玩，模仿性很强。他家原来住在坟地附近，他常常玩筑坟墓或学别人哭拜的游戏。母亲认为这样不好，就把家搬到集市附近，孟子又模仿别人做生意和杀猪的游戏。孟母认为这个环境也不好，就把家搬到学堂旁边。孟子跟着学生们学习礼节和知识，孟母认为这才是孩子应该学习的，心里很高兴，就不再搬家了。

孟子读书，有一天逃学回了家。孟母正在织布，一句话没说，就把织布的梭子给弄断了。孟子非常孝顺，忙跪下来问：“您为什么要这样？”孟母告诉他：“读书求学不是一两天的事，就像我织布，必须从一根根线开始，然后一寸一寸地织成一匹布。读书也是这个道理，如果不能持之以恒，以后怎能成才呢？”孟子如梦初醒、恍然大悟，从此一心向学。

孟母是一位伟大的母亲。孟子后来继孔子而成为“亚圣”，自然与孟母的悉心教育分不开。

当然，母爱更伟大，但父爱也是伟大的。再看下面的故事：

他是个单亲爸爸，独自抚养一个七岁的小男孩。一次出差，他匆匆离开家门，一路上担心着孩子有没有吃饭，会不会哭，抵达出差地点，就不时地打电话回家。可孩子总是很懂事地要他不要担心，但他心里总是牵挂不安。夜深回到家时看到孩子已经熟睡，这才松了一口气。旅途疲惫，他准备就寝时，突然大吃一惊：棉被下面，竟然有一碗打翻了的泡面！“这孩子！”他在盛怒之下，朝熟睡中的儿子的屁股一阵狠打。“为什么这么不乖，惹爸爸生气？”这是妻子过世之后，他第一次体罚孩子。“我没有……”孩子抽抽噎噎地辩解说，“这……这是留给爸爸的晚餐，我怕面凉了，放进棉被底下保温。”爸爸听了，紧紧地抱住孩子。

读罢这个故事,不禁潸然泪下。多么可亲可爱的父亲,多么可爱孝顺的孩子！真是“血浓于水”啊!

由于社会或家庭的原因,一些失散的亲人许多年彼此间日夜思念,千方百计寻找不得。中央电视台著名主持人倪萍主持大型公益寻人节目《等着你》,利用现代信息化的条件,千方百计为他们找到了亲人。当亲人相见时,大家相拥着哭成了一团。“血浓于水”啊!

最后,说一则跨国寻亲的故事:

> 20世纪50年代,一位在新疆工作的中国小伙子,与在这里工作的哈萨克斯坦美丽姑娘瓦莲金娜相爱并结婚生子。后来,由于政治时局等原因,瓦莲金娜回国了,而他们的儿子才6岁。这孩子长大后,不断寻找母亲,直到2009年终于在哈萨克斯坦首都阿拉木图找到了母亲瓦莲金娜。而这一年,儿子61岁,母亲80岁。

真是“血浓于水”啊!

二、舐犊情深

成语“老牛舐犊”是说老牛爱抚地舔着小牛,比喻老人对孩子的慈爱。这个成语源于这样一个故事：

> 三国时曹操的谋士杨修因“私传军令，扰乱军心”，被曹操杀了。父亲杨彪非常伤心，因思念儿子而日渐憔悴。曹操问杨彪：“你为什么这么瘦？”杨彪说：“愧无日（mì）磾（dī）先见之明，犹怀老牛舐犊之爱。”

日磾，本匈奴休屠王太子，为汉武帝所信爱，以功封侯，赐姓金氏，即金日磾。金日磾的一个儿子与宫女相戏，他就杀了这个儿子。杨彪的意思是说，我惭愧啊，没有能够像金日磾一样具有先见之明，现在还有一种像老牛舔着自己孩子一样的爱子之心。

由于岁月的打磨，老年人对亲人的爱往往比年轻人更加深沉和固执（老牛舐犊）。读者是否还记得我们在第一章第三节说过的赵太后的故事？故事说，战国时赵太后刚执政，秦国就发兵攻赵。太后求助于齐国，齐国回答说，如果太后的爱子长安君到齐为质，齐国就出兵相救。太后坚决拒绝，不听大臣们谏阻，断然说：“有复言令长安君为质者，老妇必唾其面。”后来老臣触龙进见，和太后聊起了家常，最后巧妙地说服了太后，把长安君送到了齐国做人质，齐国出兵救赵，秦国退兵。在这个故事里，老太后由于深切地爱着少子长安君，差一点误了国家大事。

亲情是向下流的，父母之爱子女往往比子女之爱父母要深刻得多。

> 吴荣，今年65岁，两个儿子各有两个孩子，最大的8岁，最小的不到3岁。老两口只能“兵分两路”到儿子家照顾孙子。虽然同在市区，但吴荣和老伴只有节假日孩子们聚会时才能见面。看着一家人幸福地聚在一起，吴荣很开心，在她看来，帮儿子看孩子，是义不容辞的责任。

吴荣老人把给儿子看孩子看作“义不容辞的责任”。另一位老人则说：“‘含饴弄孙’，我们在享受一种‘天伦快乐’。”他的夫人说是一种责任。这位老人还说，其实这是一种爱的延续。对儿子的爱，转移到对孙子的爱，子子孙孙就是这样延续的。

这位老人说他的孙女儿“涵涵”是个小美女，长得十分可爱。她天资聪慧，学什么一学便会。老人曾经在汶川大地震后有感于那些在地震中成为孤儿和孤寡老人的人，写过一首诗，题为“我愿意”，是专为涵涵写的：“我愿意为她付出一切！愿意用我有限的生命换来她的快乐、幸福和健康成长！”他说，就是涵涵这个小精灵赋予了我和夫人无限的幸福和快乐。

三、家和万事兴

人们常说“家和万事兴”，意思是说，只要家庭和睦了，做什么事都会顺顺当当，兴旺发达。老人对于家庭最大的期望值大概就是“家和万事兴”了。“家和万事兴”是老人最大的愿望，是为之奋斗一生的事业。

“家和万事兴。”这是个“如果”推理：如果家和，那么万事兴。肯定前件就可以肯定后件。那么才能做到家“和”呢？

唐代张公艺九世同堂，在朝廷任高官。高宗皇帝问他如何使这个大家庭如此和和乐乐？他把答案写在一张纸上呈给皇帝。皇帝看了大为惊讶，原来那张纸上写了一百个“忍”字。从此张家就叫“百忍堂”。

一个“忍”字真能使得一个九世同堂之家和睦相处吗？似乎没有那么简单。有一位中学生在一篇命题作文中写道：

亲情就像刺猬一样，凑在一起的时候，难免互相刺伤；在分开的时候，又那样冀求彼此的温度。当家人没有朝夕相处时，才知道自己多么爱他们。

这位中学生在这段话中，提出一个极为重要的关键词——“爱”。“血浓于水”，亲情是“天下第一情”，就是“爱”使得家人凝聚在一起。

然而亲情又为什么像刺猬一样，凑在一起的时候难免互相刺伤呢？因为矛盾的普遍性：矛盾无时不在、无处不在。家庭中就必然地存在这样那样的矛盾，比如，婆媳不和、兄弟窝里斗，以及夫妻经常吵架。

那么如何解决家庭内部的矛盾呢？那就是沟通。亲人之间的沟通往往“心有灵犀”，不“沟”自“通”。然而亲人之间沟通难也难在一个“情”字。亲人之间有时“情”太重难免“理”就轻了，于是形成沟通障碍：亲人之间往往由于至亲而放纵，“情”屏蔽了“理”，沟通并不那么容易。

亲人之间的沟通难题，解决方法大体有三个。一是了解。亲人之间也需要了解。没有对对方的了解就不存在有效的沟通。了解的方法，一是倾听，二是体悟。对方的陈述，即使对方在暴怒或哭泣中的话语，也往往能够提供给你所需要的信息。二是理解。理解不同于了解：理解是在了解的基础之上对对方采取一种认同或支持的心态。理解的关键在于换位思考。只有把自己当成对方，从对方的立场上思考问题，才能理解对方。三是谅解。谅解是在理解基础上的一种行为：宽容对方对自己的伤害。在现实生活中，如果对方真的伤害了你，你能够不计前嫌，而不是以牙还牙，甚至加倍报复对方，这种宽容就是“谅解”。

对待沟通难题，有了了解、理解和谅解的应对之道一般都可以扫除障碍，实现有效的沟通。如果这三招不灵，还有第四招：改变自己以适应对方。“山不过来我过去”，家庭琐事往往这样也可那样也行，没有什么对错，因而不必较真，你不愿听我的，那我就听你的！亲人之间只要想到对方爱你，那就没有什么不可以放弃。为了爱，为了家庭和谐，放弃是一种美丽。

“家和万事兴”，为确保“家和”，不妨应当规定几项准则。比如：

1. 互相尊重，不要滥用亲人角色；
2. 有话好好说，不要动辄发脾气；
3. 要讲道理，不要滥用感情；
4. 就事论事，不要旁生枝节；

……

这些准则容易得到共识。“家和万事兴”，只有家庭和谐，老人才会有真正意义上的晚年幸福啊！

“百善孝为先”，如果没有儿孙对长辈的孝心，哪来的“家和”，哪来的“万事兴”呢？如果“家不和”又哪里有老人晚年的幸福呢？

“可怜天下父母心”，作为子女，并不是谁都能够理解的。在当今的社会里，一些亲情被扭曲，受到质疑，造成不应有的人间悲剧。

“百善孝为先”的孝道传统，赡养父母是子女的天职。然而在今天，子女拒绝赡养父母，被父母告上法庭的事情已经屡见不鲜。请看下面的案例：

母亲刘光菊年事已高，身体不好，且缺乏经济来源，每月仅靠低保维持生活，而六个子女不闻不问，母亲不得已把子女告上襄阳市樊城区人民法院，要求法庭判令他们履行赡养义务。经法院审理判决，六子女每人每月付给母亲赡养费400元。

子女赡养父母天经地义，为什么还要母亲告上法庭，由法庭判决执行呢？亲情何在？这岂不是让天下父母寒心？

拓展阅读

家庭伦理·家风

家庭伦理是指调整家庭成员之间关系的行为规范或规则，是社会伦理道德的组成部分。家庭伦理是一个历史范畴，时代不同，家庭伦理观念也不尽相同。

家风是指家庭或家族世代相传的风尚，是给家中后人树立的价值准则，是建立在中华文化之“根”上的集体认同，是每个成员成长的精神足印。家风是一个家庭代代相传沿袭下来的体现家族成员精神风貌、道德品质、审美格调和整体气质的家庭文化风格。

第二节 情 爱

一、老伴

亲情来源于爱情。“孩子是父母爱情的结晶。”没有父母的爱情哪来的亲情？然而爱情可以转化为亲情。妻子虽属“外姓人”，但她却是孩子的母亲，是“血浓于水”的至亲至爱的亲人。

有人说：“婚姻是爱情的坟墓。”此论非也，成功的婚姻是爱情的升华和归宿。唐代诗人元稹妻子亡故，他写了悼亡诗《遣悲怀》三首，道尽了夫妻间的恩爱及自己的抱憾之情。在另一首《离思》的诗中，作者留下了经典的爱情诗句："曾经沧海难为水，除却巫山不是云。"婚姻怎么可能是爱情的坟墓呢？至于婚姻的失败，那里缺少的应该就是爱情，坟墓里埋葬的不是爱情。法国大作家巴尔扎克说："真正的爱情是永恒的、无限的、始终如一的；它是平等的、纯洁的，真正的爱情满头白发，但内心却永远年轻。"

俗话说"少是夫妻老是伴"。什么是"老伴"和老伴的情爱？一名记者采访了两位老人，下面是他们的回答：

> "结婚56年了，我们一起经历了很多。"提起往事，伦群英老人眼眶红红的。风风雨雨50多年，穷过来了，苦过来了，现在最大的期盼就是希望和老伴永远在一起，共享天伦之乐。赵永强感慨地说："如果还有下辈子，我还会选择她。"

多么质朴的话语，多么深刻的情感！这就是"老伴"！就是"老伴"的情和爱啊！

有一位老人写了一首题名《老伴》的诗，诗如下：

凝望你两鬓霜已染，
我心痛地拍拍你双肩。

两句关爱的话语，
道来质朴，却饱含赞叹，
啊，这一头花白的头发哎，
就是爱旅的档案。
风风雨雨两相依哟，
它叠印着牵手之路几道坎……

笑谈你昏花入双眼，
我特为你擦擦眼镜片。
一番调侃的往事，
说得简单，却略带辛酸。
啊，这一对稀疏的眉毛哎，
曾是传神的天线。
眉皱巧绘五线谱哟，
它蕴藏着夜缝寒衣几分暖……

啊，老伴，患难与共的侣伴，
梦绕魂牵彼此间。
你给了我温暖的港湾，
我成了你期冀的航船。
你相夫教子熬尽了心血，

我总夸你贤妻良母一典范。
啊,老来伴哟老来伴,
让我俩不离不弃,臂膀紧挽,
自豪哎,夕阳无比灿烂!

质朴无华的诗句,表达的正是老伴间的无限恩爱、情深义重。

“老伴”这个令人动容和神往的字眼,内含的不仅是爱,而更多的是包容、信任、担当、欣赏和忠诚。从“小两口儿”修炼到“老伴”,夫妻之间的恩爱才真正步入佳境。即使争争吵吵,迎来的总是阳光灿烂新的一天。

元代书画大家赵孟頫五十岁时想效仿当时的名士纳妾,妻子管道昇写了一首《我侬词》,词如下:

你侬我侬,忒煞多情。情多处,热如火。把一块泥,捻一个你,塑一个我。将咱们两个,一齐打破,用水调和。再捏一个你,再塑一个我。我泥中有你,你泥中有我。与你生同一个衾,死同一个椁。

赵孟頫读了《我侬词》,被深深地打动了,从此再没有提纳妾的事。老伴就是这两个泥人:“我泥中有你,你泥中有我。与你生同一个衾,死同一个椁。”

下面介绍文章《人间至爱：先走，不代表离开》中一个感人至深的故事：

> 五年前，盛安庆老人带着妻子从佳木斯到哈尔滨求医。妻子病死在医院里，他便留在这座城市，每天早晨都以步行“上下班”的方式来到殡仪馆，把自己布满皱纹的老脸与骨灰盒小照片上那张笑脸轻轻贴在一起，用只有两个人才听得见的声音开始了“家长里短”的聊天。老人边说边笑边叹气最终哽咽。他们的聊天，每次只有几分钟，但在分别时那温柔的神情，极尽艰难与不舍，像是初恋中的 18 岁少年。一年 365 天，无论刮风还是下雨下雪，他从不缺席，也不迟到。
>
> 三年前，儿子们给母亲买了一块墓地，但老人坚持说：“我每天要好好看着她，等我走了，再把我们放在一起。”

老人知道，妻子在那条路上等他，爱也在那条路上等着他。因为他们是老伴。

二、黄昏恋

这里所说的“黄昏恋”是指那些丧偶的老年人再次结婚的

爱情行为。不少失去“另一半”的老年人，希望晚年有个“伴”一起度过余生。

大作家梁实秋就有个“黄昏恋”的故事。1947 年，梁实秋在美国因为意外事故失去了陪伴自己半个世纪的结发妻子。人生至此，眼看就要出现那下世光景。不料就在这年的下半年，梁实秋回到台湾，一见钟情，爱上了歌星加影星的韩菁清。此时，梁实秋 71 岁，她 43 岁，比梁实秋的女儿还要小好多岁。

跨越近 30 年年龄距离的一对男女，彼此情投意合，就将步入爱的乐园，没想到“社会”不干了。“社会”是谁？就是那些生的、熟的、不生不熟的、爱管闲事的人。有的说，过气的明星嫁给“国宝”级大师，是对大师的亵渎；有的认为“一树梨花压海棠”太不像话。这件事闹了个满城风雨。

经过这炼狱般的考验，两人更加坚定了“执子之手”的勇气，走进了婚姻殿堂。婚后度过了 13 个甜蜜的春秋。

名人的黄昏恋如此艰难，那么普通老百姓呢？有的不难，有的很难，难到不得不放弃再婚的念头。

请看下面两位老人的不同命运：

81 岁的翟大爷向记者介绍说，1993 年，他的妻子患病去世，这在精神上给了他很大的打击，最大的不便是在生活中少了一个互相扶持的伴侣。虽然子女们都很孝顺，可是他们现在都有了自己的家庭，希望有个老伴陪着说说话成了大爷最大的心愿。1994 年，翟大爷在别人的介绍下，认识了比自己小 9 岁的范大妈，通过熟人打听得知范大妈人品不错，而且有个儿子也很孝顺。于是，接触没多久两人就领取了结婚证，走到了一起。当记者问及当初结婚是否遭到了儿女的反对时，翟大爷笑了笑说："没有，我们双方的子女都没有反对。我儿子说：'只要她对您好，能够细心地照顾您，我们就放心了。'说实在话，在这 10 年的时间里，我们过得很幸福。""和老翟在一起，感觉生活比以前一个人过的时候有滋味多了。"范大妈也乐呵呵地说，"我们年纪差不多，有些话也能够说到一起，心情很舒畅。"在范大妈的悉心照料下，翟大爷的身子骨也越来越硬朗了。过年时双方的子女都来了，全家人欢聚一堂，其乐融融。街坊邻居也都对他们这对"老鸳鸯"赞不绝口。

陈大妈正在为自己的再婚问题犯愁。20 年前就失去了丈夫的陈大妈，独自将一儿一女抚养成人，虽然现在子女们早已成家立业，但是她还是喜欢自己生活。随着年龄逐渐增大，老人深深地感受到了生活上的孤独。在周围一些老人一再建议下，陈大妈决定找个老伴一起度过晚年。

可是就再婚问题征求子女的意见时，却使老人深感失望。儿子支持，但女儿却认为，母亲这么多年来和我们一起过得挺好的，没必要再找个老伴，让外人知道了还以为是子女不孝顺；再说让母亲去伺候别人，心理也很别扭。如今陈大妈还是过着孤独的生活，虽然子女还像以前那样孝顺，但是生活已经让老人感到疲惫了。“唉，算了，还是这样过吧，我不再给他们添麻烦了。说实在的，子女对我都挺好的，我知足了。”言语间流露出一丝无奈。

据调查，相当一部分独身老人有再婚需求，而再婚比例仅占失偶老人的3%左右。老人再婚比例如此之低固然有外界的原因，但主要原因还是自己面对黄昏恋有心理障碍，在幸福面前望而却步。老人黄昏恋的心理障碍大抵有以下这些：

第一，怕人议论，有损自己的尊严，有损孩子的面子。

第二，怕婚后不和，引人讥笑，自己不安，找来麻烦。

第三，怕对原配不忠，旧情难忘。

第四，怕处理不好双方子女关系，引起家庭不和。

第五，怕自己子女不满，伤害儿女的感情，失去亲情。

第六，怕引起经济纠纷，影响生活的宁静。

第七，怕生活习惯不同，难以相处。

第八，怕再次遭受丧偶的打击，增加自己的悲哀和烦恼。

作为子女，对于老人的黄昏恋，应该抱着一种宽容的态度，不要那么苛刻，老人同样也有追求幸福的权利，我们可以发表意见，但不要干预。多换位思考，替老人着想。

从另一方面看，传统思想在相当大的程度上仍然影响着人们的思想观念。对老年人“黄昏恋”不理解，喜欢指指点点，说三道四，无形中给有意黄昏恋的老人添加压力。

其实老年人再婚，不单限于“婚”，更在于“养”。从某种意义上讲，黄昏恋是一种养老式的婚姻，对老年人的晚年生活有着积极的影响。良好的婚姻能大大地提高老年人的生活质量，同时也省得子女们操心。黄昏恋不仅能满足老人对爱情的心理需求，更有益于老人的身心健康，避免一些消极情绪，降低老年痴呆症发生的概率，有利于家庭、社会的和谐发展。

恋爱结婚并不是年轻人的专利，老年人再婚得到法律保障，任何人都无权干涉老年人的恋爱和婚姻。在当前的中国社会，存在不少老年人不婚同居、搭伴过日子的情况，这种情况有不少潜在风险，不受法律保障。比如，一方老人生重病，生活不能自理，另一方不肯照顾，或另觅新欢，弱势方的权利就没有任何保障。所以情投意合的老年人还是应当办理结婚手续的。

拓展阅读

保障老年人再婚的法律条文

《中华人民共和国宪法》第四十条：禁止破坏婚姻自由，禁止虐待老人、妇女和儿童。

《中华人民共和国婚姻法》第三十条：子女应当尊重父母的婚姻权利，不得干涉父母再婚以及婚后的生活。

《中华人民共和国老年人权益保障法》第二十一条：老年人的婚姻自由受法律保护。子女或者其他亲属不得干涉老年人离婚、再婚及婚后的生活。

第三节　友　爱

一、朋友

“友爱”自然是指朋友之爱了。那么，什么是朋友？他们值得爱吗？让我们先讲一个故事：

一个误伤了人的青年，被严酷的国王判处死刑。临刑之前，青年请求国王让他回家看望一下老母亲，然后回来赴死。国王大怒：让你回家你要是跑了怎么办？这时候，来了一位年轻人，他是这位死刑犯的朋友。他对国王说，请允许我这位朋友回家吧，他只有母亲一位亲人，我相信他会遵守诺言回来的。在他回来之前，我代他坐牢，如果他不能按时返回，我受死。国王同意了年轻人的请求，让那位青年回家去了。

时间一天天过去，到了行刑这天，仍不见那个青年的踪影。国王毫无表情，指示按时行刑。他指责年轻人，你为什么相信别人，替别人受死？你死得活该！年轻人诚恳地回答国王说："我们是朋友，我相信他一定被什么事耽误了，没有按时返回，你行刑吧！我虽死无憾。"

就在这时候，那个青年人从远方大声喊着："我回来了，我回来了！"人们惊呆了，那个青年一颠一跛地向刑场奔来，原来他在路上摔坏了腿。

非常幸运的是，这个严酷的国王竟然赦免了这个青年的死刑。他拉着那位年轻人的手说，我愿意和你交个朋友，你真是生死可以相托的朋友啊！

故事讲完了。然而究竟什么是朋友？"百度百科"给"朋友"下了这样的定义：

> 朋友是指在特定条件下由双方都认可的认知模式联系在一起的不分年龄、性别、地域、种族、社会角色和宗教信仰的相互尊重、相互分享美好事物、可以在对方需要的时候自觉给予力所能及的帮助的人及其持久的关系，其最高境界是知己。

这个定义可真够长的！差不多有一百个字。具体分析起来，大体有这样几层意思：1. 双方认可。朋友是相互的：甲是乙的朋友，乙一定是甲的朋友。2. 朋友除“双方认可”别无其他条件。3. 相互尊重，彼此信任。4. 共享美好事物。5. 相互付出，不计回报。6. 关系相对持久。7. 最高境界是知己。这几条也就是“朋友”这一人物关系的特征。

人们常说“千金易得，知己难求”。朋友能交至“知己”，的确是最高境界了。知己关心你，爱护你，在你最困难的时候宽慰你，成功的时候祝福你，忘形的时候提醒你，灰心的时候鼓励你。“知己”在一起无话可说的时候依然融洽，不会产生“找个话题打破沉默”的想法。不计回报地帮助对方，不会觉得“他欠我个人情”。有“安全感”，不用苦心维系彼此的关系，即使多时不见，心里仍然装着对方。这确实非常非常地难得了，所以鲁迅说：“人生得一知己足矣。”

知己难得，我国历史上不乏“知己”的佳话。例如：

刎颈之交。即俗话所说的“割脖子交情”。战国时廉颇和蔺相如同事赵国,蔺相如位居廉颇之上,廉颇愤怒,想找机会侮辱蔺相如,而蔺相如每每回避,众人耻笑他软弱。蔺相如说:“秦国不敢加兵于赵,以我二人在也。我所为先国家也。”廉颇闻之,肉袒负荆请罪。遂为刎颈之交。

生死之交。春秋时,羊角哀和左伯桃闻楚王贤,往事之。道遇大风雪,计不能俱全,左伯桃把衣服和粮食留给羊角哀,自己入空柳中死去。

知己。春秋时,鲍叔牙有疾,管仲为之不食。他说,生我者父母,知我者鲍叔。鲍子死,天下不与我知矣。虽为之死,亦何伤哉!

知音。春秋时,俞伯牙鼓琴,钟子期善听。伯牙旨在高山,子期说,巍巍乎若高山,志在流水,子期说,洋洋乎在流水。子期死,伯牙以为世无知音,遂绝弦,不复鼓琴。

义结金兰。东汉末,刘备、关羽、张飞桃园结义,不是兄弟胜似兄弟。

忘年之交。东汉末,祢衡有才气,年未二十,孔融年已五十,二人友善,为忘年交。

上面说的都是古人的故事。下面说说 19 世纪马克思和恩格斯之间的伟大友谊。

1844年,马克思在巴黎认识了恩格斯,共同的信仰使彼此把对方看得比自己重要。马克思长期流亡,生活艰苦,常常靠典当维持生计,但仍然顽强地进行他的研究工作和革命活动。恩格斯为了维持马克思的生活,宁愿经营自己十分厌恶的商业,把挣来的钱源源不断地寄给马克思。他们同住在伦敦时,每天下午,恩格斯总到马克思家里去,一连几个小时,共同探讨各种问题;分开之后,他们几乎每天通信。马克思答应给一家英文报纸写通讯稿时,还没有精通英文,恩格斯便帮他翻译,需要时就代他写作。而恩格斯从事著述的时候,马克思也往往放下手头的工作,编写其中的某些部分。

伟大的友谊缔造和推动了伟大的共产主义运动。

朋友之爱不同于亲人之爱或夫妻之爱。朋友之爱是两颗真挚心灵的联盟,会给你带来无限的快乐、支持和力量。朋友之爱又往往是亲人之爱和夫妻之爱所不能替代的。

老年朋友说,老人必须拥有"四老":老伴、老窝(房子)、老本(积蓄)和老友。"老友"既然是"四老"之一,老年人就必须拥有自己的一批朋友和朋友圈,这样的晚年生活才会圆满、幸福。

二、老人的朋友圈

差不多每个人都有自己的朋友,“叫花子还有三个穷朋友”。老年人经历过漫长的人生,差不多都有或曾经有过许许多多的朋友,比如,发小、同学、同事、同行以及邻里中的朋友等,从而形成一个个朋友圈。这些朋友圈圈可以是交集,如他(她)可能既是你的同学也是你的同事或邻居。如果老人一个朋友都没有,那是非常孤独和寂寞的,也是一种悲哀。

“物以类聚,人以群分。”朋友圈中的朋友由于志趣、职业或其他原因分为若干个圈圈。比如,战友、难友、校友、室友、诗友、酒友、棋友、牌友、钓友、“驴友”(旅游之友)、酒肉朋友、狐朋狗友等等。也可以按友谊的境界不同分为见面朋友、普通朋友、好友、诤友、良师益友、挚友、密友(自然包括闺蜜),当然最高境界是“知己”——知心朋友。在老人的朋友圈中,酒肉朋友、狐朋狗友这样的朋友不大见到。老人跟年轻人之间也往往存在深厚的友谊,这是一些忘年之友。老人一般都喜欢孩子,往往还会交上几个小友,包括自家的孩子、邻居或朋友的孩子。这些小友,真诚而天真,境界不低。

“老有所学”“老有所为”“老有所养”,老人都必须融入社会,参加各种社会活动并在活动中建立和拥有自己的朋友圈。

这些社会活动的形式如下：

读书会。一些人年轻时读过一些书，由于忙于事务，有些书想读而没有时间去读。如今人老了，有时间了，一些爱读书的老人组织起读书会，“以书会友”，知识共享，读书会也是朋友圈。老有所学、老有所乐，读书会兼有二者功能，在快乐中读书，因读书而快乐，是读书的最佳境界。

老年大学。老人在老年大学中结识了一些新朋友，几年读下来形成了一个新的朋友圈。

歌舞团。参加舞蹈队或歌咏队的老人们，由于经常在一起排练、表演，交流心得体会，于是形成朋友圈。

书画会。参加老年书法家协会的老人们经常在一起切磋书画艺术，于是形成朋友圈。

棋牌圈。喜欢下棋的老人在公园里摆下棋摊，周围一群老人指指点点，说说笑笑，或者轮流对弈，快快乐乐，时间长了就形成了一个朋友圈。经常在棋牌室下棋、打牌的老人也容易形成朋友圈，拥有自己的棋友、牌友的圈子。“麻友”，指打麻将的朋友。

其他如钓鱼，旅游，跳交谊舞、广场舞，以及晨练的老人们都容易形成朋友圈。甚至散步也有朋友圈。很多老人有散步的习惯，相邻的老人往往在大体相同的时间里出门散步，路上相遇，说说闲话，拉拉家常。由于话语投缘，精神快乐，于是有意或无意中形成了朋友圈。

此外,还有网络上的朋友圈。网络朋友圈并非年轻人的专利,很多老年人也参与进来。通过网络,把自己的生活、感悟、兴趣、爱好等在朋友圈里适度传播,让朋友们更多地了解你,不需要见面也能分享快乐。这种现代化了的朋友圈,有人说,这是伟大时代的馈赠。

老人在朋友圈中,要获得真正的友情,需要遵循以下准则:

1. 心友。用“心”去交朋友,心里装着朋友。尊重对方,不把自己的价值观强加给对方。关心对方,让对方感受到朋友的温暖。

2. 意诚。以诚待友,不要让别人觉得你虚情假意,不值得信任。上了年纪的人更愿意听好听的话,适当地说些对方喜欢听的话让朋友愉快,也是一种真诚。

3. 言谦。不吹牛,不张扬,不以某种方式显摆自己。宜低调不宜高调。不宜过分亲密,保持距离美。

4. 严己宽人。责己严,责人宽。“水至清则无鱼,人至察则无徒。”

5. 经济明算账。朋友之间宜少涉及经济,涉及经济时,要“亲兄弟明算账”,以免产生嫌隙。

真实的友情,也需要像亲情、爱情一样用心经营。

拓展阅读

友谊语录

人之相识，贵在相知；人之相知，贵在知心。——孟子

海内存知己，天涯若比邻。——王勃

友谊需要忠诚去播种，热情去灌溉，原则去培养，谅解去护理。——马克思

在欢乐时，朋友会认识我们；在患难时，我们会认识朋友。——柯林斯

挚友如异体同心。——亚里士多德

谁喜欢什么样的人，谁就是什么样的人。——伊索

第九章　老有所归

人固有一死，或重于泰山，或轻于鸿毛。

——司马迁

这是最后一章，说说老人的最后归宿，也就是死亡问题。这个话题说起来未免过于沉重，容易唤起老人们的感伤情绪。然而，如果我们把事情说得更为清楚明白一些，或许大家的情绪会轻松起来。啊哦，是这样！有思想准备就好。

第一节　生　死

一、生与死

人们都说，孩子是父母爱情的结晶。一个人的出生是具有偶然性的,是父母在一个偶然的时间和偶然的空间里一次偶然的性行为中,父亲的一枚精子和母亲的卵子偶然地结合孕育而生的。说来也很可笑,这本来是圣洁而伟大的行为却被很多人认为"见不得人",因而讳言此事。

"我是从哪里来的?"不少孩子都曾提出过这样的问题。记得我小时候也曾问过大人,一位叔叔告诉我,我在田埂摸虾,爸爸把我捡回来的。我相信了,还想象自己摸虾的情景。

按照中国的传统习惯,成年人是不能同小孩子说到涉及男女之间"性"的问题的。这可能同儒家传统礼教有关,或者就是长时期形成的一种民间习俗。中国古代就有"感生"的说法:"圣人皆无父,感天而生。"也就是说圣人没有父亲,只有母亲。例如,伏羲氏是因为他的母亲踏到了一个大脚印而受孕出生的。尧帝的母亲感受到雷电而生尧。这些传说可能反映了当时母系社会的特征:只知其母,不知其父。在后来长时期的封建社会里,中国人更是"非礼勿言",甚至直到今天的信息化社会,大人们对孩子还是讳言生殖问题的。有一个孩子向爷爷和奶奶提出这个问题,爷爷推说奶奶是教生物学的,她讲给你听。奶奶闪烁其词说了一些,小孙子自己说:"我知道了。是拉臭臭拉出来的。"这个故事告诉了我们一些什么呢?

在我们今天的辞典里,似乎还是说有生就有死,个体从来到这个世界上那一刻起就判了"死刑"(说得真够难听的)。死亡是生命的终点。

尽管人在任何年龄阶段都有可能死亡，但医学界只把老年期的死亡看成生物学意义上的生命自然终结。死亡是生命活动不可逆的终止。在医学上，死亡分为三个时期。一为濒死期：死亡过程的开始阶段。表现为意识模糊或者丧失意识，呼吸、循环衰竭，代谢紊乱，机体各系统功能严重障碍。二为临床死亡期。表现为心跳和呼吸停止，各种反射消失，但一些细胞组织仍有短暂的代谢活动。三为生物学死亡期。死亡过程的最后阶段，机体新陈代谢全部停止。

死亡的标准，1968 年以前，一般以个体生物功能的丧失为界限，如停止心跳、停止脉搏跳动、身体变硬等。1968 年，美国哈佛大学提出了“脑死亡标准”。脑死亡标准是不可逆的深度昏迷，对各种内外刺激均无反应，自主呼吸停止，脑干反射消失，脑电波消失。同时要求以上状况在 4 小时内反复测试的结果无变化。设立“脑死亡标准”的必要性，一是能够及时抢救假死状态的患者；二是为处置脑功能不可逆而有心跳状态的患者提供了科学依据。

中国人讳言“生”的事实，也讳言“死”这个词。古时天子死叫“崩”，诸侯死叫“薨”，大夫死叫“卒”，士人死叫“不录”，只有普通老百姓的死叫“死”。在老百姓中，把死也叫“没了”“走了”“上西天了”“翘辫子了”等。

二、生死观

生死观是指人们对生与死的根本看法和态度，是人生观的重要组成部分。生与死是一切生命产生、存在和消亡的自然过程。但作为社会化了的人，则有一个如何对待生死的问题。不同的人生观，对生与死就会有不同的价值评价，从而形成了不同的生死观。

儒家在生死问题上表现为重生和安死。孔子说："不知生，焉知死。"表现了重视人生的生死观念。荀子说："生，人之始也；死，人之终也。始终俱善，人道毕矣。"要人们珍重生命，谨慎处事，亦即"善始"，但死亡不可避免，不可违抗天命，因而也要"善终"。

道家主张自然之道，表现出对于生与死的自然心态。庄子说："人之生，气之聚也，聚则为生，散则为死。"生死只是气的形态变化，无论生死，顺其自然。

佛家对生死的基本看法：人生是苦，"苦海无边"。佛家强调"生死轮回""因果报应"，为了来世幸福，应当今世"修业"，多做善事，表现了热爱现实生活、珍惜生命的观念。

在各家中，无论是儒家，还是佛家，都认为有生必有死，死亡是不可避免的，唯独道家认为，人经过修炼或者服食丹药成为神仙，是可以不死的。《神仙传》记载，汉初淮南王刘安服食了仙药，并把余药倒在居室周围让鸡犬也吃了药，于是“一人得道，鸡犬升天”。

道家的“神仙说”固不足信，秦始皇、汉武帝寻求长生不老的仙药业已证明是失败了的，那么是不是意味着人的死亡真的就是必然的呢？在科学高度发展的今天，如果有人讲长生不老之道，是不是有点儿荒唐呢？

然而事实还真的就是如此：科学表明长生不老是可能的。

以色列学者尤瓦尔·赫拉利的《未来简史》一书中的“长生不老”之说引起了广泛的关注。

作者说，几千年来，人类经历了一场噩梦，遭遇三大灾难：饥荒、瘟疫、战争。然而在21世纪开始的时候，人们从噩梦中醒来，发现我们已经遏制了饥荒、瘟疫和战争，接下来的目标应该就是长生不死、幸福快乐和化身为神了。

作者认为，人类会死亡只有一个原因：人体运行出了技术问题。既然是技术问题就会有技术上的解决方案。衰老和死亡不过是许多特定技术问题的总和。已经有越来越多的科学家和思想家公开表示，现代科学的重要任务就是战胜死亡，赋予人类永恒的青春。我们已经感受到不死就在眼前。（这自然不是道家服食丹药的办法。）

当然，《未来简史》的“长生不死”之说是作者对于未来社会的一种科学假设，它的真理性程度，只能有待于社会实践的检验。不过,人类长生不死之说并非主观臆想,而是有一定的科学依据,“端粒酶学说”就是其中之一。

“端粒酶学说”认为,衰老是一种多因素的复合调控过程,表现为染色体端粒长度的改变、损伤,以及 DNA 的甲基化和细胞的氧化损伤。端粒是染色体末端由 DNA 重复序列组成的一种特殊结构,功能是维持染色体结构的稳定,决定细胞的寿命。正常细胞的端粒会随着染色体复制与细胞分裂而缩短,而端粒酶作用于端粒,却能够依靠自身 RNA 模板合成端粒 DNA,维持端粒的长度和结构完整。由此看来,端粒和端粒酶在人类长寿和衰老进程中起着极为重要的作用,为揭示衰老机制和延年益寿提供了科学依据,使得“长生不老”成为可能。

生死问题关系到每个人最切身、最根本的利益。对生与死的理解决定了每一个人的人生态度和人生目标,是人们建立人生观、价值观的基石。因之,对生死之谜的破解较之其他任何现实问题更为现实,更为重要。

“长生”一词有两种含义:一是长寿,二是永生。我们今天的老年人或许赶不上“永生不死”的时代,但是现代医学高度发展的今天,即便不能永生,但长寿已经成为现实。古人说“人生七十古来稀”,如今呢?人们不是说嘛,“九十不稀奇,八十多来兮,七十小弟弟,六十还在摇篮里。”老年朋友们,我们应当健康快乐地活在当下,无负于我们伟大的时代。

拓展阅读

“必然为真”的推理　数理逻辑的推演都是必然为真的，而日常生活中的推理却非如此。比如说“骄则必败”“车到山前必有路”这类“必然句”都不具有必然性，如果，仅仅是如果，如果就连“有生必有死”这样铁板钉钉的“必然句”也不那么“必然”了，那么“必然句”还有多少呢？日常推理是逻辑的应用，一般都是可能为真而不是必然为真。智者的推理是注意到这一点的。

第二节　“归”往何方？

一、“归天”

死亡痛苦吗？其实死亡不是伤病，人在死亡时的痛苦是疾病的痛苦（或伤害的疼痛），不是死亡的痛苦。因为人身上真正致命的器官，并非是感觉最灵敏的器官。我们见到“老死”的人，他（她）们总是那么安详、平静，在奔向死亡之乡的时候，自有一种轻松的回归感。中国人不是有“视死如归”这一成语吗？死就是“归去”，归去来兮！

活着的人似乎都没有死亡的经验，其实也非必然。美国一家医院发生过这样一件事情：

> 1983年，这家医院正在抢救一个老妇人，荧光屏显现一条直线，老妇人的心脏停止了跳动。3分钟过去了，医生还在抢救。突然间老妇人的心脏重新起搏。
>
> 第二天早晨，老妇人恢复了平静。她带着欢快的口吻，向医生们叙述了那短暂的临床死亡期的奇特感觉：“我穿过一片黑暗，看见了灿烂的阳光。我感到无比快乐。”她认为自己经历了一次快乐的地狱之行。

“老有所归”，归到哪里？中国人把老人的死亡叫作“归天”。“归”哪个“天”？从送葬队伍执幡人所执的幡上写着“西方接引”来看，应当是“西天”，即“西方极乐世界”，因此也叫“归西”，或曰“驾鹤西去”。“西天”是如来佛祖居住的地方，这应当是佛教传来中国之后的事情。

中国人还有另外的说法：死亡的人分为两拨：一拨归天，一拨归阴。《红楼梦》中就有这两拨人。例如，林黛玉本来是离恨天灵河岸上的一棵“绛珠仙草”，所以林黛玉死了，“苦绛珠魂归离恨天”；贾府的贾母史老太君虽然地位很高，但她是

“凡人”,所以“史太君寿终归地府”。

至于人世间的芸芸众生,死了以后都是由牛头马面牵送到阴曹地府。在过奈河桥的时候,喝了孟婆的迷魂汤,于是失去了生前的一切记忆。死者的魂魄经阎罗王审理一生善恶之后,重新投胎人世或作马牛猪羊,罪恶重大者判入十八层地狱。据云阎罗王铁面无私,审理十分公正。

请看地方剧《胡迪骂阎罗》的故事:

岳飞归神于风波亭,天下士民无不愤恨秦桧之奸。有书生胡迪,素性刚直,一日酒醉,痛骂阎罗王不施报应。阎王命鬼卒拘其魂魄,欲治以狂妄侮辱之罪,胡迪侃侃诘辩,阎王知其刚正,反而温言慰藉,使遍观各种地狱,以证明报应之不爽:忠贞魂魄早作天界之神,奸恶者已定阴司之律。乃召请岳飞,阎王敬礼有加;锁提秦桧,鬼役怒目横眉。胡迪一一自见,方始悦服。阎王为胡迪增寿一纪,送之还阳。

人死之后,除“归天”或者“归阴”以外,还有一种可能,即在人世间为神。请看《聊斋》的一个故事:

王六郎落水身死,如果他找到替死鬼就可以投胎转世。机会来了,他却不忍心看到替身活活淹死而放弃了替代。他的善良感动了阎王爷,被任命为人间的土地神。王六郎的善良秉性,造福了一方百姓。

以上说的是中国人死后或登天界,或入地府,或留在人世间为神,那么西方人死后去了哪里?西方人死后,似乎比中国人死后的命运更为简单一些:罪人下地狱,好人升天堂。那么,罪人下地狱以后怎么样呢?有两种说法:一是罪恶被洗净之后也能升天;二是犯罪的在地狱受刑,直至永远。

作为基督教徒的西方人心里有基督,他们认为人只不过暂时居住在这个世界上,人在世上只不过是客旅,是寄居者。基督徒永远的归宿是在那美好的天堂。因为神是掌管生命的,基督徒不是死了,而是"睡了"!睡了的人,将来必然要"醒"过来。他们有永生的盼望,因而是"乐死"的。

二、回归大自然

"老有所归",归向何方?前面所说都属虚妄。其实中国人有句老话:"入土为安。"归向土里,这才是真实。人死了叫"命归黄泉",死后世界为"九泉之下"。

中国最通行的丧葬形式是土葬,把死者装进棺材,埋入土中,形成一个像馒头一样的土堆,叫作"坟墓"。人死了,归入坟墓，墓前立一块写有死者名字的墓碑。这就是最后的归宿。所以《红楼梦》中大美女尼姑妙玉说："纵有千年铁门槛，终须一个土馒头。"（源于宋代范成大的一首诗。）在古代，"墓"这个字的解释就是"没"，埋在地下就"没"了。

不过，"土馒头"仅是一般平民的归宿。皇帝的坟墓叫"陵"，规模宏大，如明代"十三陵"，很多人参观过。秦始皇陵更是硕大无朋，有内外两重城垣，象征皇城和宫城。建有各式宫殿，拥有被誉为"世界第八大奇迹"的兵马俑。

死者下葬时一般都有一个简单或复杂的丧葬仪式，表示生者对死者的哀悼心情。（男子表现悲痛，女人必须哭泣。）

儒家的礼教是十分注重丧祭祖宗的。孔子给"孝"规定的标准就是："生，事之以礼；死，葬之以礼，祭之以礼。""父在，观其志；父没，观其行。三年无改于父之道，可谓孝矣。"儒家有孝子服丧三年的规定。孝子在服丧期间，必须以苦行僧的生活方式和极度哀伤的情绪来体现自己的孝道。

儒家的规定实际上是对生者的伦理教育，具有积极的意义。然而效果或许更像宋代高翥《清明日对酒》一诗所云：

南北山头多墓田，清明祭扫各纷然。
纸灰飞作白蝴蝶，血泪染成红杜鹃。
日落狐狸眠冢上，夜归儿女笑灯前。

人生有酒须当醉，一滴何曾到九泉。

这更是社会的真实。死者如果有灵，期望值不宜太高。

中国人对死者“入土为安”的认识同西方人的观念十分相似。《圣经》说，人的死是身归于土，灵归于赐灵的上帝。人身体的本质是土，来自土必须归土，这是尘世肉身的回归；灵魂来自上帝却要归回到赐灵的上帝那里，这是灵魂的返乡。

除土葬以外，其他民族还有其他丧葬习俗。主要有：

火葬。火葬的习俗古已有之，两千多年以前，《墨子》《荀子》《列子》等书均有记载。

水葬／海葬。后者是指一些岛屿的民族出于对大海的崇拜，将死者投入大海。

还有其他习俗，如佛教高僧死后被置于石塔之中，是为“塔葬”。埃及金字塔中的法老遗体，经过防腐处理，成了“木乃伊”。还有树葬、洞葬、悬棺葬、游尸葬（将遗体绑在椅子上，抬轿似的抬到墓穴入葬）等。

“老有所归”，归到哪里？无论归到土里、水里、火里、洞里、树上，迟早都回归了大自然。

人类整个生命过程是从精子和卵子结合成为受精卵开始，经过母体妊娠分娩降生于人世，获得了生物性生命和社会性生命。死亡（“亡”是消失、不存在的意思）是一种生物学现象，简单的定义是“生物失去生命”。高等生物的死亡是一个过程，从细胞、细胞组织至器官和重要系统逐渐死亡，最终导致整个机体的衰竭。从生物学的角度看，死亡并不是结束，而是回归自然的开始：身体通过自然转换产生新的物质或元素。死亡是自然流通链中的一个环节。正如一位学人所说：“从自然科学看来，死不过是把我们从自然那里借来的财富还给自然罢了。”

拓展阅读

死亡学 “死亡学”一词是由美国罗斯威尔·帕克在1912年提出的。“死亡学”的英语原文为Thanatology，源于古希腊神话中死神Thanatos（滕纳托斯）的名字。死亡学是一门研究死亡的学问，是一门跨学科的学问，经常应用于医疗、护理、兽医等专业领域。

第三节 归去路上

一、选择的权利

人的生不能选择，没有人在生之前自己选择降生的。那么死能选择吗？应当可以。人应当有选择死的权利，但未必。

人对死亡方式的选择，大体有这样一些：

自然死亡。这是绝大多数人的选择：自然地来，自然地去，珍惜生命，顺其自然。

永久授权书。病人在垂危之际，是继续在医疗设备及技术支持下维持生命放弃？这得由病人自己做决定，可是有时病人已经不能表达自己的意愿了。该怎么办？为了避免这种情况的发生，可以在病人清醒的时候签订永久授权书，在文件中，签约人可以决定在自己生命垂危的某种情况下撤销医疗器械的使用或者维持医疗器械的使用。也就是说，在什么情况下自愿放弃生命。

自杀。自杀不是正常死亡，而是人的主观意志的一种断然选择。老人自杀大体分三种情况。一是疾病缠身，不能忍受病痛折磨或者对病愈无望，与其忍受痛苦等待死神降临，倒不如一死了之。二是脱离社会，远离集体，空虚孤独，丧失继续活下去的目标和勇气而自杀。三是失去子女的关爱，或者就是为了不给子女增加负担而自杀。自杀者自杀一般都经过艰难的选择，是一个“弃置而复依恋，无不可忍而又不忍；欲去还留，难留而亦不易去”的复杂心理过程。（钱锺书语）

安乐死。“安乐死”一词源于希腊文，意思是“幸福”地死亡。它包括两层含义，一是安乐的无痛苦死亡，二是无痛致死术。中国对“安乐死”有更为具体的定义，即指患不治之症的病人在垂危状态下，由于精神和躯体的极端痛苦，在病人和其亲友的要求下，经医生认可，用人道方法使病人在无痛苦状态中结束生命过程。说得更为明白一些，比如，用注射药物的方法，病人便会慢慢地昏睡，在昏睡中，心脏和大脑慢慢地停止工作。2018 年 5 月 10 日，澳大利亚 104 岁科学家大卫 · 古德尔由于健康恶化，前往瑞士寻求安乐死，在医师协助下离开人世。此前一天，他对记者说他期盼这一天，并用德语唱了一段《欢乐颂》。

安乐死必须经过立法，否则被视为谋杀，医生必须承担法律责任。中国还没有为安乐死立法。

安乐死体现了人类对死亡理性意识的觉醒。当我们明确地知道自己的生命已经走到尽头，我们会理智地走向尊严的、无痛苦的死亡。

二、临终关怀

临终关怀，通俗地说就是对老人的临终照顾。从医学的意义上说，临终关怀指的是：为生命即将结束的病人及其家属提供全面的身心照护与支持，使老人平静、安然地度过人生的最后历程。临终关怀并非是以延长老人的生命时间为目的，而是以提高老人临终的生存质量为宗旨,对临终老人提供生活照顾、心理疏导、适当治疗等全面周到的服务。

临终关怀的对象是指生命处于临终阶段的患者。具体是指诊断明确、治疗无望,估计生命期在10个月左右的患者。

临终关怀是一种特殊的卫生保健服务,包括对临终者全方位地实行人道主义关怀的服务措施。具体内容包括:

死亡教育　死亡教育是临终关怀的一项重要内容。老年人同年轻人一样珍视生命,留恋生活,要教育老人认识生命科学中生、老、病、死的规律,理智地接受即将死亡的现实;引导老人从积极方面回顾一生的经历,正确评价自己的人生价值,会让老人更从容地接受死亡。

尊重与关怀　医护人员对临终老人要给予极大的尊重和高度的同情,在任何情况下都不可流露出厌烦或消极、失望情绪,满腔热情地为其提供全方位的服务。

全面护理　包括密切观察生命体征变化,有效地控制疼痛,改善老人的营养状况,保持老人的个人卫生,为老人提供单独、宁静的病室,避免言语刺激老人,如此等等。

心理护理　心理专家研究认为,临终老人的心理特征可划分为五个阶段,即否认期,不承认自己患了绝症,怀疑医生诊断错误;愤怒期,随着症状越来越明显的时候,情绪失去控制;协议期,以合作的态度期望换来生命的延续;抑郁期,病情恶化,感到悲哀和绝望;接受期,无可奈何,接受事实。心理工作者被誉为“心灵的天使”,临终关怀被视为“生命的守候”,心理护理人员必须最大程度地稳定病人的情绪。

家属工作 临终期的患者更需要的是理智和关怀,因此医生和家属必须密切配合,以良好的态度、语言、表情和行为去影响和改善患者的心情。为此,临终关怀还必须做好亲属的思想工作,让患者亲属能够尽量给予患者精神上的安慰和照料,以减轻临终患者的心理负担,使病人能在人生的最后时间里,在充满人性温情的氛围中,安详、宁静、无痛苦地度过人生最后时刻,达到“逝者死而无憾,生者问心无愧”的目标。

临终关怀机构 1988 年,天津医科大学成立了中国第一家临终关怀医院——南汇护理院,目前全国各地区都相继成立有临终关怀专门机构。一些综合性医院内附设临终关怀病区或病房,有的养老院也提供临终关怀的医护服务。

临终关怀事业被称为“晚霞工程”,在中国,目前还处在起步阶段。

三、永远在路上

人,回归了自然,是不是意味着“人死如灯灭”,没有留下一丝一毫的痕迹呢?那当然不是。

《左传·襄公二十四年》载：范宣子问叔孙豹："古人有言曰，'死而不朽'，何谓也？"叔孙豹说："豹闻之，大上（太上）有立德，其次有立功，其次有立言，虽久不废，此之谓不朽。"意思是说，"死而不朽"的最高的境界是树立德行，其次是建立功业，再次是留下言论。

所谓"不朽"，意味着一个人生前的所作所为不会随着个人的死亡而消失，恰好相反，它超越了个人短暂的一生，在身后留下传世的影响，个人的生命就在绵长的历史记忆里获得了不朽的意义和永恒的价值。儒家关于"德、功、言"的"三不朽"之说是最具有积极的社会价值意义的人生超越。东汉末年荀爽说过："古人有言，死而不朽。……其身殁矣，其道犹存。"通俗地说，就是人死了，还有精神存在。

立德

古圣先贤把"立德"摆在"太上"的位置，这是因为道德人格的价值是生存的最基本的也是最终的价值所在。人们常说"以德服人"，做人要有道德修养。明代学者高攀龙说："吾立于天地间，只思量做好人，乃第一要义。"一语中的：活着就要做个好人。

举两个家喻户晓的例子：

加拿大白求恩医生在中国抗日战争时期来到中国解

放区,在那里工作了两年,以身殉职。一个外国人,毫无利己的动机,把中国人民的解放事业当作了他自己的事业。毛泽东号召大家学习白求恩这种毫无自私自利之心的伟大精神,他说:“一个人能力有大小,但只要有这点精神,就是一个高尚的人,一个纯粹的人,一个有道德的人,一个脱离了低级趣味的人,一个有益于人民的人。”

八路军战士张思德在陕北安塞县山中烧炭,因炭窑崩塌牺牲。毛泽东在追悼会上引用司马迁的话说:“人固有一死,或重于泰山,或轻于鸿毛。”他说:“张思德同志是为人民利益而死的,他的死是比泰山还要重的。”

毛泽东评价了白求恩和张思德的伟大道德精神,(即使张思德仅仅是一名战士)。这种伟大的道德精神就是为人民服务。雷锋说过,“人的生命是有限的,可是为人民服务是无限的”,全心全意为人民服务,就是最高的立德标准,即使是一名战士,也可以流芳百世。

立德是立功、立言的前提和基础,所以位列“三不朽”的第一位。

立功

儒家看重道德人格的不朽,也重视现实社会功业的不朽。

古人建功立业的例子如：

战国时代秦国著名的水利工程专家李冰，被秦昭王任为蜀郡太守。这期间，李冰父子主持修建了都江堰水利工程。几千年来，都江堰为成都平原变成“天府之国”奠定了坚实的基础。后世为纪念李冰父子，在都江堰修有二王庙。都江堰也成为著名的风景名胜。

李冰父子修建都江堰造福四川，功勋卓著，造福两千多年，人民一直没有忘记他们的功绩。

《说文解字》说：“功，以劳定国也。”从力从工，亦劳作之意。政治家、军事家、科学家们所做的巨大贡献是立功，普通劳动者勤奋工作，为社会创造财富也是立功。那些参与现代化国家建设、现代化农业建设的工人、农民，他们不都是为建设现代化立了大功的吗！马路清洁工人被誉为“城市美容师”，不就是对他们为建设现代化城市的汗马功劳的充分肯定吗？“立功”并不仅限于惊天动地的大事，在平凡的工作岗位上也能建功立业。

立言

立言是立德、立功的延续，是传承文明的载体和途径。曹丕说：“盖文章，经国之大业，不朽之盛事，年寿有时而尽，荣乐止乎其身，二者必至之常期，未若文章之无穷。”（《典论·论文》）爱因斯坦的“相对论”、李杜的诗篇、曹雪芹小说《红楼梦》都是不朽的大作。然而立言并非只是文人学者的事情。例如，倪萍的《姥姥语录》记录的就是姥姥平时说的一些家常话。这里抄录几例：

国家和小家一样，先把人弄好了，啥就都好了。

靠山山倒，靠人人老。靠来靠去你就发现了，最后靠的是自己。

有苦也不是坏事，苦多了，甜就比出来了。你吃一块桃酥试试，又甜又香，你再吃一斤试试？你那嘴呀就想找块咸菜往嘴里放。孩子，别怕吃苦，苦它的兄弟叫甜。

快乐你别嫌小，一个小，两个加起来，三个加起来，你加到一百试试？快乐就大了。你不能老想着一天一百个快乐，你这辈子能碰上几个一百的快乐？

父母帮着儿女，仨人都笑了；儿女帮着父母，仨人都哭了。

姥姥话语质朴生动，属于语言的艺术；含义深刻，饱含深刻的哲理。这样的立言能不流传后世？

人们或许会说，姥姥语录如果不是她的宝贝外孙女儿整理出版，能够流传后世吗？推而广之，普通的工人、农民、士兵，还有那些曾经名噪一时的大人物，就算为国家、民族做出了贡献，但又有几个人的名字能够流传后世呢？诚然如此。其实他们的“不朽”是指德、功、言已经融入伟大的民族精神里面，个人价值注入了人类整体的永恒之流，因而永垂不朽。

俗语说：“生前多为别人想，死后多让别人想。”鲁迅说：“死者倘不埋在活人的心中，那就真正死掉了。”

（这儿的太阳光真好。冬天晒太阳是老人一种很不错的养生方式。古代《列子》一书讲了一个“献曝”的故事，“曝（pù）”就是晒太阳。故事是这样的：春秋时期，宋国一个农夫在劳动之余晒晒太阳，感到非常舒适。于是他高兴地对妻子说：“负日之暄（晒太阳的温暖），人莫知之，以献吾君，将有重赏。”感谢诸位给了我晒太阳的温暖，我给大家拉了这么些家常，就算是回馈吧！

祝愿大家快乐每一天，福如东海长流水，寿比南山不老松！）

拓展阅读

生死篇语录

死亡是最伟大的平等。——富勒

活在后人的心里,就是长生不死。——坎贝尔

有的人活着,他已经死了;有的人死了,他还活着。——臧克家

人生自古谁无死,留取丹心照汗青。——文天祥

人生于自然,又归于自然。来时身不由己;去时己不从心。——黄忠强

后　记

我曾经长期从事语言逻辑的教学和研究，后来更多地思考日常推理问题，因为日常推理研究比语言逻辑更为逼近人类思维的实际。人们的日常推理除逻辑以外，还涉及心理学、神经生理学、语言学及哲学等诸多学科。就逻辑而言，它也不是单纯的普通逻辑或者数理逻辑问题，而是作为日常推理应用的一门“心智逻辑”。

这些年来，我陆续写了四本关于日常推理的书。第一本《智慧人生——日常推理之谜》。这本书不妨看成日常推理研究的绪论。后来相继写成了以下三本书：

《智慧入门——儿童逻辑思维训练》

《心智迷宫——你想“知其二”吗？》

《做智慧老人》

这三本书不经意间写成了智慧人生三部曲（童年期、成年期、老年期）。这最后一本，因为是写给老年朋友读的，说到的逻辑内容较少（只是一些最为基本的逻辑知识）。这是为了减轻老人的阅读负担,而又有利于提高日常推理中的逻辑意识。

《做智慧老人》只是一位老人和老年朋友们在冬天晒太阳时聊的一些关于老年人的闲话。希望读者喜欢!

几年前,我曾经为写这本书积累过一些逻辑资料,所以这次写作顺风顺水,一气呵成,所用时间仅仅半年多一些。在这里,谨向为我提供资料的书作者、网文作者以及我的亲人、朋友和相关部门致以最诚挚的谢意。